下町和尚の生き方放言

許せないを気にしない。

名取芳彦
Natori Hogen

佼成出版社

はじめに

世の中には、何かにつけて怒っている人がいます。そんなに怒っていては、さぞやつらい毎日だろうと心配になるほどです。なかには、五月《さつき》の空をさわやかな顔をして泳ぐ鯉のぼりのように、口先ばかりでハラワタのないさっぱりした人もいますが、それにしても、怒りの火種をよくぞそんなに見つけられるものだと思います。

渡ろうとしていた横断歩道の信号が赤になり「なんだよ。せっかく渡ろうとしていたのに」と眉間にシワが寄る人。言うことを聞かない人に「どうして言うことを聞かないのだ！」と文句を言って怒る人。毎年師走を迎えると「どうしてこんなに一年が早いんだ！」と不平を漏らす人もいれば、「せっかく生まれたのにどうして死ぬ運命なのだ！」と哲学的な怒りを神に向ける人もいるでしょう。

このような人は、誰かが自分の怒りを和らげてくれると思っているのかもしれませんが、そんな酔狂な人にはなかなか出会えません。

それに、怒りの感情をまったく湧かないようにするのは残念ながら不可能なのです。私たちは、どんなことでも（他人の幸福さえ）、怒りや不満を火種にできる特別な才能をもっているのですから。

目の前の赤信号が青信号に変われば別の信号が赤になるので、そこにいる人は「早く渡りたかったのにぃ……」と恨めしげに信号を見上げて愚痴をこぼすことでしょう。

とりあえず相手の言うことを聞いた人は、「どうして、私があの人の言うことを聞かないといけないのだ！」と憤懣《ふんまん》やる方ありません。

神が時間経過を遅くすれば、「こんなにつらい思いをいつまでしなければならないのだ」と悲嘆に暮れる人もいるでしょう。神が人間を不死にすれば、「地球が人間で溢れるぞ」とクレームを付ける人もいるはずです。

怒りを含めたイライラやモヤモヤなどの「苦」は、もとを正せばすべて「（自分の）都合通りにならないこと」が原因です。苦の発生源は「都合」なのです。信号は青がいいという都合、私の言うことを聞くべきという都合、時間の流れや運命を自分で決めたいという都合です。

こうあってほしい、こうすべきだという自分の都合（欲）がない人はいないでしょうが、そう思うことが多ければ多いほど、日常のなかの怒りの火種は多くなります。都合を叶えようとしてがんばる人もいるので、励みになる場合もありますが、叶わないと怒りに転換されてしまうような都合はなるべく少なくしたほうが、心穏やかに暮らしていけるのはたしかです。

怒りを少なくするのに最も効果的な方法は「許容する」ことでしょう。これは自分自身に対する怒りにも有効です。

ここでいう許容は、自分の都合が叶わなくてもいいとする心の広さであり、相手や自分を許し包み込む懐の深さです。情状酌量する度量と言ってもいいでしょう。許容できれば、磁石が反発するように怒りはどこかへポーンと弾き飛ばされます。そして、「許す心」が「やさしさ」の翼をのびのびと広げていき、心穏やかに生きていけるようになります。

小さなことに腹を立て、怒りを周囲にぶちまけることで「憂さ晴らしできた」と、心を穏やかにする人もいるかもしれません。しかし、そんなことをすれば他人からの恨みや、信頼の失墜という残骸が遺ります。許容することで得られる心の穏やかさとは比較になりません。

では、いったいどうすれば、多くのことを許容でき、心穏やかな日々が増えていくのでしょう。

「月歪むにあらず波騒ぐなり」という歌があります。水面に映る月がゆがんで見えるのは波が立っているからです。月そのものはゆがんでいません。

私たちが出合う多くのことは空にある月のようなもので、それをゆがめているのは私たちの思い込みや欲などの波だというのです。この波が許容する邪魔をし、怒りを誘発します。

目の前で変わった赤信号が月です。それを嫌なものとしてゆがめて見ているのは自分自身です。

相手がこちらの言うことを聞かないのには、それなりの理由があります。その理由を考えようともせずに、頭ごなしに自分の言う通りにさせようとする、ゆがんだ心が怒りを生みます。

この波を鎮める方法が仏教に伝わっています。心穏やかになるための六つの方法で六波羅蜜《ろくはらみつ》と呼ばれます。ここには「仏を信じなさい」とは書かれていません。仏を信じなくても、自分がすでにもっている力で、大きな安心を得られると説いているのです。

本書は、この「心穏やかにする六つの方法」を軸にして、日常のなかで許していく心をどうすれば養っていけるかを、たくさんの具体例を入れて書き進めました。

私たちの周りに散らばっている怒りの火種が、心に穏やかな花を咲かせる種になることを、愉快に下町《したまち》ックにお伝えしてまいります。

多くのことを許せて、許容でき、心が穏やかになる一助になれば幸いです。

目次

第二章 とりあえず（簡単な）ルールを覚えとく

第三章　スルーできりゃ、たいしたもんよ

第四章
「仕方がない」からやってみる

第五章 たまにはカラッポになってみな

第六章　諦め（諦らかにす）るのも悪くない

弊社刊「やくしん」二〇一八年一月号〜二〇一九年十二月号に
連載されたものを中心に、新作を加えまとめたものです。

第一章　本心を知らにゃ始まらん

- やさしさは人類が生まれながらに持つ本能のようなもの
- 惜しや欲しやと思わぬゆえに、いわば皆世界が我がものじゃ
- 誰からも好かれることは、金輪際《こんりんざい》あり得ません
- 心配は往復はがきのようなもの
- 信頼関係があるから「方便」になり得る

布施

「ふせ」と読みます。自分のもつ物（財）、身体、知識、言葉などを他者のために施すこと。人間の本願とされます。

みんなにやさしさの原点がある

慈悲は、仏教の大きな柱の一つ。

「慈」は美味しい料理を食べさせてあげたり、手伝いをしたりなど、相手に「楽を与えること」をいいます。

一方、「悲」は相手の相談にのって問題を解決したり、苦しんでいる人や悲しんでいる人に共感したり、「苦しみを取り除くこと」です。

やさしさは大切だとわかっていますが、どうしたら慈悲の心をもてるのでしょう。そこに、「許す」ことへのヒントが隠されています。

慈悲は本能のようなもの

生命の進化は弱肉強食の上に成り立っているそうです。しかし、人類は鋭い牙や爪、身軽さや体の大きさなどで勝ち残ったわけではなく、助け合うことで生存競争を生き抜いたといわれます。そこから、「やさしさは人類が生まれながらに持つ本能のようなものだ」とおっしゃる人もいます。

助け合いの精神が私たちの本能だとしても、世知辛い世の中で、他人に楽を与え、他人の苦しみを除く慈悲の心を養っていくのはたやすいことではありません。

「人には親切に、やさしく接しなさい」といくら口を酸っぱくして言っても、そう簡単ではないのです。

日常のなかのやさしさ

私はやさしさの原点は「あなたと私は同じですね」と、他人と自分の共通項に気づくことだと思っています。

見ず知らずの人とエレベーターで一緒になった時、気まずさをなくすために

（仲良くなるために）、「いいお天気ですね」と二人の共通項を話題にします。

バス停で待っていて「バス、なかなか来ませんね」と言うのも、そこにいる人たちの共通項を話題にして打ちとけようとする心理が働くからでしょう。

私は家内と付き合っている時に、それまでやっていなかったテニスを内緒で習いました。テニスが好きな彼女と共通項を無理につくって、もっと仲良くなろうという魂胆です。

これらのことは「共通項を確認するとやさしくなれる」と教えられてやっているわけではありません。ごく自然にやっているのです。その意味で、慈悲はやはり本能なのかもしれません。

「あなたと私は一緒」でやさしくなれる

この「あなたと私は同じですね」という感覚をさまざまなものに広げていくと、仏教が説く慈悲になります。

「昭和のお生まれですか。私もです」と、同じ時代に生まれたことで相手に親しみを抱くこともあります。「浅草ですか。私も行ったことがあります」と、場所にまつわる共通項で話が盛り上がることもあるでしょう。

あなたの家の近くで「カァ」と鳴いているカラスは、同じ町内で生きている者同士です。それに気づけば、電線に止まっているカラスに「お前さん、そんなところから下界を眺めて暮らしているなんて、呑気《のんき》でいいねぇ」と声をかけたくなります。

さらに〝今日という日を、この地球で生きている者同士〟という共通項に気づけば、戦争は起こらないと思うのです。

人間関係などが円滑にいかないことを〝ガタピシ（我他彼此《がたひし》）〟といいますが、これは自分と他人を分けて考えて、共通項に気づかないために起こる現象です。

アジア料理のレストランで店員さんが合掌するのも、やはり「あなたと私は同じですね」という親しみと敬意の表われ。

仏教徒がする合掌は、「仏さまと私は同じ」であることを表わしています。この度は、この本をお読みいただき、ありがとうございます。合掌。

物惜しみでくよくよするくらいなら

私たちは毎日さまざまなことに出合い、そのたびにさまざまな感情を抱きます。そのなかには、「嫌だ」「ふざけるな」「悲しい」などのネガティブなものもあり、時には、何をどうしたらいいのかわからず不安になるものもあります。

そんな感情はなるべく抑えたいのですが、出ようとするものを無理に押さえ付けてもストレスが溜まるだけです。

しかし、あなたがネガティブな感情を抱くようなことでも、なんとも思わない人もいます。ほかにも、プクリと心に湧き上がったネガティブな感情の泡を、すぐに処理して上手に排除できる人もいます。

そこで、ここでのお話は貧乏性の人にありがちな、物惜しみの感情をどう排除するかをお伝えし、大きな心の持ち主になっていただこうという魂胆です。

土地やお金と違って減らないもの

私が住職をしている寺で毎月行なっている行事に写仏《しゃぶつ》があります。線描画の仏さまの下絵を薄い和紙に線描き用の筆でトレースする静かな修行（？）で、筆を通して仏さまとつながる素敵な時間が過ごせます。

この会に参加していた檀家《だんか》のMさんは昭和三十年代に看板屋さんを起業しただけあって、私の代わりに下絵を描いてくれるほど器用な方でした。そのMさんが水墨画を習いにカルチャーセンターに通ったときのことです。あることがあってやめてしまいました。

「先生は適当なところまでしか教えないんだ。私の作品のどこをどうすればもっと良くなるか知っているのに、そこを教えないで出し惜しみするんだよ。私も素人じゃないから、その極意みたいなものを教えてくれれば先生なみの作品は描ける。あの先生はそれが嫌だったんだ。そんな人のところに通っても仕方ないからやめたんだ」とおっしゃいます。

〝片言《へんげん》極め難《がた》し（片方の意見だけ聞いても正誤を判断できない）〟といわれますから、Ｍさんの話をそのまま鵜呑《うの》みにはできません。しかし、自分のほうが上だと思っている人のなかには、自分と同等か上になりそうなら、悔しいから極意は教えないという了見の狭い人はいるものです。

〝分けても減らない心の遺産、あとは三代食いつぶし〟といわれるように、土地やお金と違って、自分のもっている知識や技術をすべて伝えたところで、それらが減るわけではありません。

自分を踏み台にして、さらなる高みを目指してほしいくらいの大きな気持ちはもちたいものです。そのくらいの度量があれば、上達した人から「あの人のおかげで今の私があるんです」と感謝され、人望も集まります。

世界が我がものじゃ

友人のなかに、落語の世界から出てきたような愉快な人がいます。彼は言います。

「地球はね、土地や海を含めて本当は全部オレの物なの。でもオレ一人じゃ大き過ぎて手に余るから、そこに住む人たちに自由に使わせてあげているんだよ。お金だって、本当は全部オレのお金なんだ。今は、世界中の人に無利子で貸してあげているだけさ」

この言葉を聞いて思い出したのが「惜《お》しや欲《ほ》しやと思わぬゆえに、いわば皆世界が我がものじゃ」という古歌でした。

仏教では、あなたの中にすべてであるとします。執着するのも、執着から離れるのもあなたです。自分の物（と思っている物）が減って悔しがるのも、「それで別の人が喜ぶなら、まあそれでいい」と思えるのもあなたなのです。

ちなみにユニークな解説で知られる『新明解国語辞典』（三省堂）では、「貧乏性」を「貧乏でもないのに、ゆとりのある気分になれず、けちけちして暮らす（くよくよする）性質」と説明してくれています。「貧乏でもないのに」が効いています。貧乏性にならないように、くれぐれも気をつけたいものです。

みんなを好きになれる人に

「誰とでも仲良くしなさい」は、多くの人が子どもの頃に言われる言葉です。

みんなと仲良くできれば、生きていくのが楽になります。逆に、仲良くできずに他人と衝突ばかりすれば生きるのがつらくなります。

それを子ども時代からなんとなくわかっているので、私たちはなるべく誰とでも仲良くしようと心がけます。

仲良くなるには自分のことは二の次にして、まず相手を理解しようと努力し、好奇心をもつことが大切でしょう。

みんなから好かれる人はいない

ところが、誰とでも仲良くするために、誰からも好かれようとしてしまう人がいます。少し考えればわかるのですが、誰からも好かれることは、金輪際あり得ません。

どんなに素敵な人でも「裏じゃ何を考えているかわからないよ」「今では平気な顔をしているけど、昔はずいぶんひどいことをしていたんだ」と言われることがあるのです。

自分を悪く思っている人にも好かれようとすれば、相手に気に入られるように本当の自分を隠して相手に合わせて振る舞わなければなりません。一人の人に気に入られる言動をしても、別の人にとっては鼻持ちならない場合もあります。人によって異なったことを言えば、風見鶏《かざみどり》、八方美人と批判され、結果的に孤立への道を歩むことになります。

このように、全員から好かれることはありません。ではいったい、どうすればいいのでしょう。

自分からみんなを好きになる

お世話になったラジオアナウンサーの村上正行さんは、大正十三年生まれ。戦後NHKに入られ、その後ニッポン放送設立とともに異動されました。ニッポン放送に入社して間もなく「ルックスも良くないから同系列のテレビ局からのお呼びがかかることもないだろうし、声もしわがれ声だから、ろくな仕事はもらえないだろう」と思ったそうです。持って生まれた顔と声は、自分ではどうすることもできません。

そんなことを考えて悶々《もんもん》としていたある日、電車に乗っていて、ダメな自分でもできることを思いついたといいます。

「この車両に乗っている人全員を好きになってやろう。それなら自分の努力でできる」「注意深く見れば、どんな人にだって興味は尽きない。動物園へ行くよりもずっと面白い」とおっしゃいます。

〈どこへどんな用事で行くのだろう〉〈誰とどんな家に住んでいるのだろう〉〈仕事は何をしているのだろう〉と想像して、それに共感するだけで好意をもてるようになれるそうです。時には、実際に隣の人に話しかけることもあったといいます。

自分からみんなを好きになる——これこそが〝誰とでも仲良くする〟ための極意でしょう。

出典は覚えていませんが、外国の童話にこれと似た話があります。

赤ちゃんを産んだ母親が、「この子が誰からも愛される人になりますように」と神さまに祈りました。

神さまはその願いを聞き届けます。

その子は誰からも好かれるのですが、何をしても好かれるので、長ずるにしたがってワガママで鼻持ちならない子になっていきます。

それに気づいた母親は、あらためて神にお祈りし直します。

「あの時の私の願いは間違っていました。どうか、この子が誰をも愛せる人になりますように」

周りの全員から好かれることはできませんが、その方法があるとしたら、それはたった一つ。自分が誰をも好きになることです。仏さまはその方法をとっくに実践しているに違いありません。

心配よりも心を配れる人に

誰かのことが気になって、心配する人がいます。なかには「人のことより、自分の心配をしたほうがいい」と鏡を渡してあげたくなる人もいますが、自分のことよりも人のことが心配になるのは、やさしさの表われでしょう。

ところが、心配というやさしさには、落とし穴があるのです。

期待してしまう返信はがき

私は、心配は往復はがきのようなものだと思います。

「心配」は往信のようなもので、それには必ず返信はがきが付いているのです。「健康に注意してね」という往信はがきを出したら、「はい。栄養を考えた食事をし、適度な運動をしています」という返信がほしいのです。こちらの心配をよそに、相手が夜更かし、働き過ぎ、飲み過ぎて体調を崩せば、「せっかく心配してあげたのに」と恩を着せたくなります。

「好き勝手なことをしていると誰からも相手にされなくなるよ」と心配すれば、よく考えて自重するという返信がほしいのです。それなのに相変わらず勝手なことをしていれば（期待していた返事が来ないということです）、「もう知らないからね」と突き放したくなります。

このように、心配というのはこちらの期待に添った返信を求める、厄介な往復はがきのようなものなのです。

返信不要で心を配る

我が身を振り返っても、心配してくれた人に対して、相手が望む返事を出した記憶はほとんどありません。同時に、私が誰かのことを心配したときに、期待する返信をもらったこともほとんどありません。「世の中はそんなもんです」といえば身も蓋《ふた》もありませんが、心配されたほうにすれば「心配してくれるのはありがたいが、こちらにはこちらの都合があって、あなたが期待する返事を毎回返すほどのお人好しではありません」という思いでしょう。

そこで、お勧めしたいのは、返信を期待する「心配」ではなく、その下に「り」を付けた「心配り」です。こうすれば、返信は不要です。

孫にお小遣いをあげるのは、心配ではなく心配りです。孫がそのお金で参考書を買おうが、駄菓子を買おうが、こちらの知ったことではありません。

心配りに徹するのみ

暑い時期にお客さんの横にうちわを置いておくのも、おしぼりを出すのも心配りですから、それをお客さんが使うかどうかは関係ありません。「せっかく、うちわとおしぼりを出しておいたのに、使わないなんて失礼な人だ」と怒る人はいないでしょう。それは、返信不要の心配りに徹しているからです。

だらしない生活をしている人に「死んだオヤジ（オフクロ）が墓の中で心配しているぞ」と注意する人がいますが、仏の弟子になった亡き人は、自分が望んだ返信を期待するような心配はしないでしょう。遺族への心配りをしてくれているだけと思うのです。ですから、あとのことはこちらに任されているのです。

心配は返事がほしくなります。ですから、誰かから心配されたら返事はなるべく返したほうがいいでしょう。しかし、あなたは誰かのことを心配するより、心配りだけしたほうが心はずっと楽になります。

ちなみに心配のもとになっている〝やさしさ（慈悲）〟は、ある意味でお節介。お節介が行き過ぎれば人間関係が壊れます。それをコントロールする力を、仏教では智慧《ちえ》（般若《はんにゃ》）といいます。

嘘や偽りがないことは素晴らしい

東京の下町で、ペットを飼っている人にその理由を聞くと、可愛いからとか寂しいからではなく、「犬や猫は嘘をつかないからねぇ」とニヤリと答える人がいます。それにつられて、私も思わずニヤリとします。

「あれは私がやっておきます」と言っておきながらやらない人や、「今度ご馳走します」と約束したのにちっとも誘ってくれない嘘つきな人に、これまで散々痛い目に遭わされてきたのでしょう。

相手に嘘や偽りがないとわかっていれば、「あの態度や言葉の裏には……」

と、余計な詮索をしないですみます。嘘をつかない、あるいは偽りがないというのは、言い換えれば安心していられるということです。

人の一生に偽りはない

仏教には「諸法実相《しょほうじっそう》（悟った心で見ればすべてはそのまま真実の姿である）」や「即事而真《そくじにしん》（あなたの目の前にあるもの、起こることはすべて真理の姿である）」という言葉があります。

つまり、嘘や偽りがない真実や真理は素晴らしいという価値観です。過酷な現実や気に入らないことがあっても、そこに嘘や偽りがなければ、それは素晴らしいとするのです。

「自然の胸懐に抱かれる」という表現があるように、嘘のない山や川、空や海、花や風などの自然に私たちが親しみを感じるのは、嘘をつかないものへの安心感があるからでしょう。

そのように考えれば、生まれ、成長し、老い、病気になり、死んでいく私たちの一生にも、嘘や偽りが入り込む余地はありません。そこから、人生は素晴らしい、人生丸ごと大肯定という前向きな人生観、生命観が出てきます。

嘘のない自然の中に生まれ、暮らし（都会でも少し注意すれば周囲は自然がいっぱいです）、偽りのない一生を送っているのだから、他人を出し抜いて自分の立場を優位にしなくてもいいし、悪口を言って人の足を引っ張らなくてもいい、小さなことを気にしなくてもいいのです。

「信頼」と「嘘」は水と油

『法華経』の譬喩品《ひゆほん》に、「嘘も方便」の由来になったといわれる〝三車火宅《さんしゃかたく》〟の譬《たと》えがあります。

家が火事なのに遊びに夢中になって、避難しようとしない子どもたちに、父親が「お前たちが好きな羊と鹿と牛が引く車が三台、家の外にあるぞ！」と嘘を言って避難させる話です（火事の家は、迷いが多いこの世界を、羊・鹿・牛の乗り物は、悟りを開くための三つの方法を表わします）。

外に出た子どもたちは「なんだ、おやじ！　馬車はおろか、羊車も鹿《ろく》車も牛車もないじゃないか。どうして嘘なんかついたのだ！　嘘つきは泥棒の始まりだぞ！」とは怒りませんでした。嘘をつかれても腹の底で、とことん父親を信頼していたからです。

信頼関係があるから「方便」になり得るのに、「嘘も方便」という言葉を楯にして自己保身のために嘘をつけば、蜘蛛《くも》の子を散らすように周りの人はみんな離れていくでしょう。また、相手の目を見て堂々と嘘が言えるくらいの人は、詐欺師番付があれば大関、横綱級でしょう。そんな番付には入りたくないものです。

「嘘や偽りがないことは素晴らしい」は、日常レベルでは「信頼できること、安心していられることは素晴らしい」ということでいいと思います。

おっと、一つ忘れていました。いくら嘘や偽りがなくても、とことん自分に正直な〝ワガママ〟は、他人に多大な迷惑をかけるのでご注意ください。

気前がいい人になる

がんばって何かをすれば、つい見返りが欲しくなるのは人情です。「苦労して部屋を掃除したのに、三日で元の木阿弥《もくあみ》だ」「せっかくスマホを買い替えたのに、もう新機種が出たのか」「せっかく痩せたのに、リバウンドしてしまった」など、期待に反した結果になるとガッカリします。

それに対し、「ガッカリして嘆くくらいなら、最初から期待しないほうがいい」と、せっかく目標に向って懸命に努力していたのに、それをハナからあきらめろと、冷めたことを言う人がいますが、実は「最初から期待しない」という考え方は、意外にも思わぬ真理につづく道が隠されているのです。

結果と「これから」は別物

部屋を掃除したのは部屋が汚れ、散かっていたからです。その部屋がきれいになったのですからそれで満足して終わりにし、そのきれいな状態がずっとつづくという期待をしなければいいのです。

欲しかった物を手に入れた時点で、次の新商品の企画や製造は始まっていたはずで、欲しかった物が手に入ったことで満足し、次から次に出る新製品のことなど気にしないで、今ある物を大切にすればいいのです。

痩せるために努力していた最中はリバウンドを気にせず、体重が減っていくことに喜びを感じたはずです。目標体重まで減ったことだけを納得したほうがいいのです。その体重を維持することと、ダイエットは違う目標です。「せっかく痩せたのにリバウンドしてしまった」と嘆くのは、綱引きで勝利したのに、そのあとで「筋肉痛になった」とボヤいているようなもので、別物として考えればいいのです。

「部屋を掃除すれば、きれいな状態がいつまでもつづく」

「しばらくは新製品が出ない」

「痩せたらそのままの美ボディを保てる」

という、身勝手な思い込みには、もれなく「そうならないとガッカリする」というオマケが付いているのです。


仏教では、こうした思い込み（執着《しゅうじゃく》）から離れれば、心は穏やかになれると説きます。

そのための教えが布施《ふせ》です。私は布施を、「条件付けしないで（見返りを求めないで）何かをすること」と解釈しています。「こうしたらこうなるだろう」という浅はかな予測を立てずに、「結果がどうあろうと、やりたいからやっている」と覚悟する勇気をもつのです。執着を捨てた心で物事にあたったほうが、心はずっと穏やかでいられます。

旦那の意味を考えると

布施は古代インド語のダーナの訳語で、中国に入って旦那《ダーナ》と音写され、布施をする人を意味するようになりました。日本語でも、旦那は基本的に条件付けしないで何かをする人、気前のいい人のことです。

なかにはしみったれの旦那もいますが、原義からすれば「これをやってくれたら、(その見返りとして)こうしてあげるよ」と条件付けしたり、「せっかくやってあげたのに、ああいう態度はないだろう」と恩を着せたりするような人は、旦那の風上にもおけない輩《やから》ということになります。

逆に、相手があなたに何かを期待しているのに、それに応えられない場合は、「せっかく○○していただいたのに申し訳ありません」と恐縮することは大切です。しかし、あなたが「せっかく○○したのに」と思いたくなったら、「つい見返りを求めてしまう。この調子でいけば、この先も心乱れることが多いぞ」と覚悟したほうがいいでしょう。

粋な人になる

条件付けをしないで、あるいは見返りを求めずに、何かをさせてもらうのは、心に余裕がないとなかなかできるものではありません。

「いいよ、いいよ。気にしないで」「あなたは恩義に感じてくれるかもしれないけど、私は私で、やりたいから勝手にやっていただけなのです。ひょっとしたら〝小さな親切、大きなお世話〟かもしれないけど、『やってもらった』なんて、微塵《みじん》も思わないで結構です」

こうした太っ腹な心の余裕はとても大切です。見返りを期待したところで、たいした対価がないことを人生で何百、何千回も経験すれば、見返りを期待しているバカらしさにおのずと気がつくでしょう。そうするうちに、見返りに執着することが少なくなり、それに反比例して、見返りを求めないで何かをすることに、すがすがしさを感じるようになります。こうなれば「粋《いき》な人だねぇ」と言われるようになります。

数の余裕は心の余裕

八百屋さんの店先で「トマトちょうだい」「へい、いくつにします？」「そうねぇ、五、六個あればいいわ」という会話を聞けたのは昭和の頃。この会話の「五、六個」は、五個なのか六個なのかわからないので、実に不正確な表現です。

私も、お寺の玄関で「お線香、五、六本点《つ》けてください」と言われると「五、六本ってことは、足して十一本？　それとも五六《ごろく》、三十で、三十本？」と冗談を言います。

日本に来た外国人は「五個なら五個、六本なら六本とはっきり言えばいい」とおっしゃいます。

ところが、このアバウトな言い方は相手を思いやった、貫禄十分、太っ腹な表現なのです。

「六個（本）ください」と言ったのに、その数を用意できないと相手に恥をかかせることになります。そこで、「私は五つでも、六つでもかまわないから」とわざと数をはぐらかして、「五、六」と表現して、裁量権を相手に委ねるのです。こちらの心に余裕があるからできるのです。

これと同様の心やさしい表現に「三つほどください」の「ほど」があります。「〝ほど〟って、三つと半分なんて中途半端があるわけがない。三つなら、三つと言えばいい」と文句を付けるほうがおかしいのです。

欲を押し付けなさんな

日本に来たばかりの外国人が経験するもう一つの「?・」《ハテナ》は、出かけるときに近所の人が「お出かけですか？　どちらまで?・」と質問することだそうです。

「どこへ行こうと私の勝手で、あなたにいちいち報告する義務はない」というのがその理由。

日本人は、相手がどこへ行くのか知りたいと思って質問しているわけではありません。挨拶として「あなたがこうして元気で出かけられる姿が見られて嬉しいです。良い一日をお過ごしください」という思いしかなく、それが言葉になると「お出かけですか？　どちらまで？」になるのです。

ですから、返事は「ええ、ちょっとそこまで」で十分。すぐに「ああ、そうですか。気をつけていってらっしゃい」で完結します。「『ちょっとそこまで』って、どこですか？」なんて質問する人は誰もいません。こうした余裕がある心で相手に接するのも、布施の精神の一つで、穏やかな心でいられると、私は思うのです。

「私のことはどうだっていいのです。あなたのことを少しだけ思って、私が勝手にやっているだけなのです」と自分の欲を押し付けない生き方は、とてもラクです。

ご恩返しのつもりでやってみる

世の中には気前の良さそうな顔をしていながら、いざとなると舌を出すのさえ惜しむ、ケチん坊がいます。

誰かが他人のために何かしようとすると「どうしてそんな損なことをするんだ」と、経済用語の「損・得」を人生に当てはめてしまう人です。クラス会や同好会、町内会などで役員や幹事を引き受けた人がいると、自分がその役から上手く逃げられたことを喜びながら、陰で「バカだなぁ」とほっとしているような自己最優先の人です。

自己最優先で物事を考えてしまう人は、他人を優先する気持ち良さ、心地良さに気づくまで、他人から信頼されることはありません。何をするにしても他人より自分を最優先するので、他人の目から見ればいつ裏切るかわからず信用できないのです。

やれるさ、やってみてよ

こうした人が最近お年寄りに多いかもしれません。そんな彼らは若い頃から「自分を優先して何が悪い。誰だって多少なりとも自分優先ではないか」と開き直ってきたのでしょう。〝多少なりとも〟の「多い」と「少ない」や〝五十歩百歩〟の「五十歩」と「百歩」を一括《ひとくく》りにして、その差は自分が思うよりも大きいかもしれないと疑わずに年を取ってきたのかもしれません。

しかし、人のために何かしている人をやっかんだりするところを見ると、それができない自分を歯がゆく思っている場合が少なくないようです。

私はそんな頑固者に会うと「人のためになんかしなくていいと思っているのではなく、単にできないのではないですか？　できるものなら、やってごらんなさい」と意地っ張り心をくすぐります。すると多くの場合は「やれるさ、やってやるよ」と、座り込みをしていた人が「そこを退《ど》いて」と言われて仕方なく動くように、心を動かしてくれます。

無条件で何かをする布施の精神が足りない人に「布施なんかしなくていいと思っているのではなく、布施ができないだけでしょう。やれるものなら布施してごらんなさい」と突っつくようなものです。

まねごとをやってみる

舌を出すのもイヤというくらいケチな人がいる一方で、世間には〝お人好し〟も大勢います。出しゃばりなわけではなく、他人が喜んでくれるならやるし、頼まれればイヤと言えない人です（かつての私です）。

他人が喜んでくれるという条件さえあれば、苦労があってもやってしまうので、つづけているうちに身も心もクタクタになります。

こうした人に「無理をしないで、もっと自分のことを優先しても、誰もあなたのことを悪く言う人はない」というアドバイスが有効なこともあります。しかし、本人はそう簡単には他人の役に立つことを放棄するわけにはいかないのです。他人から悪く言われるのを恐れているわけではなく「他人に喜んでもらいたい」の一心なのですから。

こうした人たちの問題点は、「他人が喜んでくれるなら」という条件を付けているということ。残念ながら、喜んでくれるという見返りを求めている点で、仏教が説く、心穏やかになるための布施とはいえません。私はこれに気づくまで五十年かかりました。

そして、辿り着いたのは、他人のためになる、他人が喜んでくれるという見返りを必要としないですむ「ご恩返しのまねごと」という考え方でした。これは「ご恩返しのつもり」という自分の思いが優先していて、なおかつ、誰かのためになれるという一石二鳥の考え方です。

本書をお読みになったあなたならば、「舌を出すのもイヤ」というケチでも頑固者でもないでしょう。

きっと〝お人好し〟の部分が心の大半を占めているでしょう。そんなあなたが何かをしてほしいと頼まれたら、〈ご恩返しのまねごとだと思って、やってみるか〉と実践してみてください。心も体も疲れずに、物事に取り組めます。

第二章 とりあえず（簡単な）ルールを覚えとく

- 元気は〝元々ある気〟という意味
- 本当のことを言わなくてもいいですよ
- 悪口を言う利点もあります
- 〝みんな〟は多くて三人のこと
- 「悟りを覚《さと》る」と書く覚悟

持戒

「じかい」と読みます。より心穏やかに過ごすために、良い習慣を自ら身に付けるための戒めです。仏教には、さまざまな戒律があります。

当たり前ですが、「元気」と「ありがとう」は大切です

東京の上智大学に留学していたアメリカ人のサラさんは、私が住職をしているお寺のそばのアパートに住んでいました（今はアリゾナで自然と一体になるダンスや瞑想《めいそう》を指導しています）。ヨガや仏教に興味があったようで、よくお寺に遊びに来ました。

ある時、彼女はキラキラした目で「私は日本語の『元気』と『ありがとう』が大好きです」と言います。ちなみに、彼女との会話はいつも、英語と日本語がごちゃ混ぜの愉快な会話でした。

彼女は「元気」が好きな理由をこう言います。

「英語で“How are you?”と聞かれたら“Fine”と答えるでしょ。ファインは『良い』という意味です。でも、日本語の『お元気ですか？』『はい、元気で

す』と言う場合の元気は〝元々ある気〟という意味です。人は誰でも生きていく力、生きようとする力、宇宙に満ちているダイナミックな力を体に内蔵しているというのが『元気』という意味でしょ。とても素晴らしいです」

元気はなくならない

なるほど、言葉の成り立ちからすれば、元気は〝元々ある気〟です。時々、「元気がなくて……」と言うことがありますが、元気はなくならないでしょう。隠れてしまった元気の出し方が、時にわからなくなるだけだと思うのです。

それ以来、檀家《だんか》さんが力なく「最近、元気がなくて」とおっしゃると、「元気ってぇのは『元々ある気』って書くんだから、なくなるなんてこたぁありません。出し方がわからなくなっているだけですよ」と励まします。

元気の出し方は、友人とのおしゃべり、美味しいお料理やお酒、散歩や旅行など、人によってさまざま。自分に合った元気の出し方を知っておきたいと思います。

「お醤油、取って」「はいよ」の有り難さ

サラさんが好きな「ありがとう」の意味は、お寺に来始めた頃に私が教えたものでした。

「日本語の『有り難う』は、英語で言えば〝hard to happen〟（起こることが難しい）かな。英語の〝thank you〟は、文字通り『あなたに感謝します』という意味だけど、日本語では〝ありえないことが起こった〟ことを意味する言葉を、感謝を表わす言葉として使うんだ。

アメリカから日本の大学に来て、仏教に興味をもったあなたのアパートのすぐそばにお寺があって、しかも、そこに暇を持て余した英語がしゃべれる坊さんがいるなんて、滅多にあることじゃない。それが起きたことが『有り難い』ことだ。サラさんがいつもこのお寺から〝ありがとう〟って帰るのは、そうい

う深い意味があるんだ」

食卓で「お醤油、取って」と誰か言えば、手元にお醤油がやってきます。総延長三十メートルの食卓の端っこに醤油が一つしかなければ仕方ありませんが、普通は自分がひょいと立てばお醤油くらい取れるでしょう。

それなのに「お醤油、取って」「はいよ」と醤油がやってくるのは、本当なら〝有ることが難しい〟ことなのです。

時には意味をかみしめて

仏教が説く「縁起《えんぎ》」は、「縁によって起こる」と書くように、〝多くの縁が結び付いて今がある〟という考え方です。日本人はその道理を「これほどの縁が集まるなんて本当は〝有ること難《がた》し〟なことなのに、その縁が集まって、すごい」として、感謝の気持ちを表わす言葉に意味を昇華させ、文化として根付かせました。

外国人の好きな日本語第一位は、語感のやわらかい「さようなら（左様なら＝そうであるならの意）」だと聞いたことがありますが、日本人は「元気」と「ありがとう」のもつ甚深微妙《じんじんみみょう》な意味をかみしめて使う機会をもっと増やしてもいいと思うのです。

正直よりも誠実に

私が住職をしているお寺は、道路に面して大きな閻魔《えんま》さまが座っています。高さ一メートル二十センチの石の上に同じ高さの像が座っているので、全高二メートル四十センチ。日暮れとともにライトアップされ、夜のお姿は迫力満点です。

閻魔さまに降臨していただいた理由は、嘘をつくことにあまり罪悪感をもたず、屁とも思わない人が多くなった気がしたからでした。

嘘をつくと付いてくる二つの苦悩

「嘘も方便」といいますが、人のためにつく嘘でも、やはり嘘はつかないほうがいいでしょう。嘘がバレて、嘘つきの烙印《らくいん》が押されれば、何をやっても信用されず、やがて生活に困って泥棒をする羽目になります。まさに「嘘つきは泥棒の始まり」です。

また、嘘にはほかにも忌まわしい側面があります。一つは嘘がバレないように、どんな嘘を言ったのかを覚えておかなければならないことです。それを踏まえてでしょう、小説家のマーク・トウェインは「真実を話していれば、言ったことを覚えておく必要はない」という名言を残したくらいです。

もう一つは、嘘が発覚しないように、嘘をつきつづけなければならない点です。

ついた嘘をすべて記憶した上で、嘘を次々に積み重ねる労力は、掘削工事の横でトランプの塔を積み上げていくくらい大変なことでしょう。

そんな苦労をするくらいなら、嘘などつかないほうがいいのですが、「だから正直がいい」と短絡的に申し上げるつもりはありません。

近年、自分を偽ってまで他人に合わせようとしてストレスを感じる人のために「もっと自分に正直でいい」と助言することも多くなりました。しかし、それを鵜呑《うの》みにすれば、世の中はギクシャクします。

言わなくてもいいことを正直に言ったために、人を傷つけ、傷つけられた経験は、どなたにもあるでしょう。

本当のことを言わない誠実さもある

どこかに一緒に行った仲間が「本当はAさんとは一緒に行きたくなかった」と正直に打ちあけて、それが風の便りでAさんの耳に入り、気まずい関係になることもあります。

食事に行って、みんなで分けて食べようと思って注文した料理を前に「私、これ食べられない」と眉間にシワを寄せて正直に言い、その場を凍りつかせる人もいます。

その場に私がいれば、「嘘は言わないほうがいいけどね、だからって、本当のことを言わなくてもいいですよ」と笑顔で言うでしょう。

「自分に正直なだけで、他人に誠実ではない人」がいるのです。ですから、簡単には「嘘はいけないから、正直がいい」とはなりません。同じ時代に、同じ地域で暮らしている者同士として、正直を誠実でラッピングするくらいの大きな心はもっていたいものです。

仏教の戒に、嘘や偽りをなるべく言わないという不妄語戒《ふもうごかい》があります。一見すると、言葉の戒めのようですが、実は違います。「嘘をつかない」ではなく、「嘘をついて隠さなければならないようなことはしない」という意味。「嘘をつくより正直に、正直よりも誠実に」をモットーにすると、心穏やかに生きていける時間が増えていきます。

やっぱり、毒よりもミルク

「人の悪口、蜜の味」といわれるように、つい誘惑に負けて人の悪口を言ってしまいますが、人生のある時期で悪口の功罪を整理して、誘惑に負けないで、なるべく悪口を言わずに生きていきたいもの。そこで、心穏やかになりたい人のために説かれた仏教の智慧《ちえ》の考え方で、悪口をふるいにかけてみます。

まずは悪口が魅力的なのは、他人の悪口を言うと自分が偉くなったような気になるところです。悪口を言うのは、他人の欠点を見抜く観察力、洞察力、判断力があることをアピールするようなものです。「どうだ、私はあの人の真実の姿をちゃんと見抜いているのだぞ」と威張りたい心理が働いているのです。

加えて、「あの人より私のほうがましだ」と、他人と比べて自分の優位性を誇りたい気持ちも見え隠れします。

悪口にも一利あり

ところが、「あなたたちは気づいていないだろうが、私はあの人の悪いところを知っている」と勝ち誇ったように言っても、多くの人はすでに他人の欠点に気づいています。気づいているのに言わないのは、そんなことが自慢にならないことを知っているからです。

また、他人を悪く言っても、自分の価値が上がるわけではありません。百メートル競走で、一位の人間を失格にすれば、二位のあなたは自動的に一位になりますが、あなたのタイム（実力・価値）は変わらないのと同じです。

ここまでは悪口の罪についてですが、悪口を言う利点もあります。それは、他人の悪口を言うことが自分のために良くないことに気づいて、悪口を言わなくなり、心穏やかな日々が増えることです。

毒にするか、薬にするか

悪口を言わないようになれば、悪口を聞いたときの対応も変わってきます。悪口を聞いて「私もそう思うよ」などと、火に油を注ぐようなまねをしないですむようになるのです。

私は人の悪口を聞いても鵜呑みにしません。悪口はそう思っている人の意見です。人は多くの面をもっているので、一つの意見だけ聞いて判断することはできません。ですから、その場にいる時は「ふーん」ととぼけるようにしています。

しかし、悪口が激化してきたら、「ちょっとトイレへ行ってきます」「携帯に電話がかかってきたので、ちょっと失礼」と嘘を言って、その場から離れます。それは、「自分たちだけは偉い」と勘違いして悪口を言う人たちのなかにいたくないからです。

気のおけない人たちと一緒にいて、悪口に小さな火が点《つ》いて瞬く間に燎原《りょうげん》の火のように広がることがあります。そんな時、「私はあの人とずっと関係を保たないといけないから、これ以上あの人の悪口は聞きたくないのだがなぁ」とさらりと伝えます。

この言い方は、悪口を聞かないほうがいいと思う人がその場にいた時にも使います。「あなたはあの人との関係を切れない立場だから、これ以上悪口を聞かないほうがいいと思う。だから、ちょっとトイレに行ってきたほうがいいかもしれませんよ」と助け船を出しましょう。

講談などでは、同じ場所で長い時間をかけて育つ松や杉をたとえにして「あなたはここに松杉を植えようという人だ。少しの間、耳を塞《ふさ》いでおいてもらいたい」とアドバイスしてから悪口を言う場面もあるくらいです。

同じ水を飲んでも、毒液にする毒蛇もいれば、ミルクにする牛もいます。悪口も同じです。他人の欠点を悪口という毒液にするか、自分磨きの材料にするかは、あなたの気づきと行動次第なのです。

「みんな言っている」にご注意

友人の一人は自他ともに認める〝情報通〟。知り合いの近況や消息を驚くほどよく知っています。

「Aはどうしてる?」と聞くと、「このあいだメールしたら、山登りにはまっているって」と即答。「Bは?」と尋ねれば「お父さんが入院しているって、電話で言っていた」という具合。

私もしっかり彼の網の中にいるので、たいした用事もないのに「君の本が近所の書店で平積みされていたよ」と写真付きのメールが届いたり、「今朝の新聞に出ていた事件のお寺って君の同級生のお寺だよね」と電話がかかってきたりします。

評判を聞いてみたら

久しぶりに彼と会うと「一か月ほど前に講演会をやったんですってね。みんな楽しかったって言っていましたよ」と報告してくれました。褒められた私は素直に喜びました。

それから二週間して、彼から電話がありました。

「名取さん、一週間ほど前に埼玉でご詠歌《えいか》（鈴鉦《れいしょう》を使って唱える伝統的な仏教讃歌）の講習会やったんですか」

「ああ、やりました」

「その時に、口を大きく開けて発声してもらうために、『喉チンコに夕陽があたるくらい大きく口を開けて』とか『入れ歯が落ちたってかまわないから、もっと口を開けて』って言ったんですか」

よく使うたとえなので「言ったかもしれない」と答えました。すると彼は、

「あの言い方は下品だから、やめたほうがいいって、みんな言っていましたよ」
と教えてくれました。

意地悪な逆襲

気が弱い私はショックを受けて、講習会を主催したメンバーに「下品なたとえをして悪かったね」と謝りました。

しかし、反応は「ぜんぜん気になりませんでした」「あの下品さがあなたらしくていいんですよ」と、気落ちしたのがバカらしく思えるような反応ばかり。

そこで、次に「情報通」に会った時、「あんな下品なたとえはしないほうがいいってみんな言ってたと教えてくれたけど、何人が言ってたの？」と、意地が悪いとも思ったのですが、わざと少し怒った調子で聞きました。

彼は心細そうに「えーと、たしか、埼玉と千葉の人が言っていました」とつぶやきます。「えっ？　二人？」とわざと驚くと、「だって、二人が言うってことは、そう思った人はもっと大勢いるってことでしょう」と、しどろもどろの彼。

〝みんな〟の正体

丁度その頃、アメリカの社会学者が「『みんな言っている』の〝みんな〟は多くて三人のこと」というレポートを出したという話を聞きました。

私の経験上、「みんな言っている」の〝みんな〟は、たしかに多くて三人、下手をすれば一人です。

だから、誰かに「みんな、あなたのことをこう言っている」と批判めいたことを言われても、気にしなくてもいいのです。言っているのは多くても三人なのですから。

問題なのは、多くて三人しか言っていないのに「みんな」を持ち出して人を批判する側です。

本当なら自分の意見として「私はこう思う」と言えばいいものを、多くて三人の〝みんな〟を頼みにして、自分の意見の弱さを隠そうとするのは精神衛生上好ましくありません。加えて、相手が怒り出したときに「私が言っているのではなく、ほかの人が言っているのです」と責任転嫁する余地を残している点も問題です。

「みんな、あなたはいい人だって言っています」と褒めるときに「みんな」を使うのはいいのです。しかし、人を批判するときに「みんな」を使うことからは、早めに卒業したいものですね。

覚悟した分だけ後悔は少なくなる

臨済宗僧侶の先輩は、アメリカで銀行員をしていたので英語が堪能です。修行もしっかり積んでいるので、本山やご自身が住職を務める寺で、外国人を対象にした坐禅のクラスを指導するなど、大いに活躍しています。

ある時、彼は参加者から後悔について質問を受けました。

「私たちは〝やってしまったこと〟と〝やらなかったこと〟のどちらを後悔するのでしょう」

後悔の本質

彼はすぐに答えたそうです。

「後悔の本質は、〝やってしまったこと〟や〝やらなかったこと〟にはありません。後悔の本質はやった時、やらなかった時に、心の底からやろうと思ったか、あるいはやめておこうと思ったかだけなのです」

禅僧らしい本質の見極め方に感動した私は、そのあとに書いた本でこの話を紹介するようになりました。

ちなみに、感動は「感じて（そのあと自分の）動きが変わること」です。動きが変わらなければ単なる感激です。

誰でも多かれ少なかれ後悔していることがあるでしょう。「あんなことしなければ良かった」「あの時、やっておけば良かった」のどちらかです。

残念ながら、過去に戻ってやり直すことはできません。そのために、後悔がしこりとなって心の中にいつまでも残ります。

「一生、この後悔と生きていくしかない」「墓場までもっていくしかない」と覚悟している人もいるのではないでしょうか。

後悔を減らす方法

しかし、そんな覚悟をするには及びません。その後悔を減らし、なくしていくヒントが、〝後悔の本質はやった時、やらなかった時に、心の底からそう思ったか〟にあります。

やらなければ良かったのにやってしまったことを後悔しているなら、やってしまった時の状況を思い返します。

「あの時は自分の実力もわからずに、やれるかもしれないと思った。やってみなければわからないと思った。周りの人も、『やったほうがいい、君ならできる』と応援してくれた。当時の自意識過剰な自分と周囲の勧めが揃ったのだから、やってしまったのは仕方がなかった」と、今の自分が当時の自分を納得するのです。

「仕方がない」は後ろ向きなニュアンスのある言葉ですが、一つのことを納得し、覚悟するためには魔法の言葉です。心の底から「仕方がない」と納得できれば、後悔は大幅に減ります。

一方、やればよかったのにやらなかったという後悔は、五十歳以上の人に多い気がします。やりたくても挑戦する時間があまり残されていないので、なおさら悔やまれるのかもしれません。

この場合も、やらなかった時の自分を思い返します。

「あの時は自信がなかった。周囲の人も『失敗したらどうやって責任を取るつもりだ』と心配していた。自信がなかったあの時の自分もあるし、周囲からあれだけ心配されたこともあるのだから、やらなかったのは仕方がなかった」と納得するのです。

後悔しないために

誰かに迷惑をかけたことを後悔している場合にも、この方法は有効です。相手が許してくれるかは別問題ですが、少なくとも自分の心はかなり軽くなります。

そして、これから「やること」「やらないこと」に関しても、心の底から「やる」か「やらないか」を覚悟することで、今後の後悔はずっと少なくなります。

そういえば……、「悟りを覚《さと》る」と書く覚悟。とても仏教的な言葉だと思います。

相手の土俵にのってはいけません

相撲取りが土俵の上から、土俵下のピアニストに「ここへ上がってきなさい。私と相撲を取ろう」とニヤニヤしながら手招きしたら、ピアニストは激しく首を振るでしょう。逆に、コンサートホールの舞台にいるピアニストが客席にいる関取に向って「私の演奏に関心ばかりしていないで、あなたもここに座って一曲弾いてごらんなさい」と手招きしたら、関取は客席に「ノコッタ、ノコッタ」状態になるでしょう。

それぞれ立っている、活動している土俵、場所が違うのです。それなのに、勢いに任せて相手の土俵に上がれば、打ちのめされるのはわかりきっています。

何が言いたいかというと、誰かにバカにされても相手が立つ土俵と自分の土俵が違うことに気づけば、頭にきたり、イライラしたりしなくてすむということです。

非難を屁とも思わなくなる

「君は『般若心経《はんにゃしんぎょう》』の本を書いているようだが、いったいどれだけ「空《くう》」について勉強をしたんだ。論文をいくつ読んで本を書いているのだ」と学者の先輩にたしなめられたことがありました。そう言われれば、私は『般若心経』に関してては少しだけ専門的な本を五冊ほど読んだくらいで、彼が言うような突っ込んだ勉強をした記憶はありませんでした。いわんや研究して論文を発表などしたこともありません。

私のような下町の小さなお寺の住職が、一般書店に並ぶような本を書かせてもらえるのは、たいへんな名誉ですから、もっと勉強しないといけなかったと恥ずかしく思いました。

そして、自己嫌悪に陥って数か月経ったある日、気がつきました。

先輩は過去の論文を細かく調べて、新しい説を発表する学問という土俵にいますが、私は、普通に暮らしている人の悩みを『般若心経』の教えで解決したくて本を書いたのです。彼は学問、私は悩みの解決という異なる土俵で相撲を取っているようなものです。

仏教が説く「空」は、〝すべてはさまざまな縁（条件）が集まったもので、縁は刻一刻と変化するので、世の中には「これはこういうもの」という不変、固有の実体はない〟ということです。

「空」に関しては膨大な量の参考文献がありますが、それらをいくら丹念に調べたところで、先輩も私も、そしてあなたも、「空」の原則の中で生きていかざるを得ませんし、生きているのです。

学問という土俵にいない私が、わざわざそこに登っていくことはないと気づいたおかげで、私は先輩の批判を屁とも思わなくなりました。先輩はこんな私の態度を開き直りだと非難するでしょうが、それもまた、学問という土俵の上からものを言っているだけです。

人の数だけ土俵あり

部屋の掃除の仕方一つにも、さっさとすませる時間優先の土俵にいる人は、丁寧さという土俵にいて時間をかけて掃除する人に「とっととやってしまえ」と言いたくなりますが、土俵が違うのです。大切なのは、相手がいる土俵にもそれなりの敬意を払うことでしょう。「私ならさっさとやってしまうけど、そこまで丁寧にはできないから、それはそれでいいかもしれない」と心の幅をもつことです。

もちろん、それぞれ勝手な土俵で相撲を取ればいいというものではありません。家族仲良くという共通の目標があるなら、それに関わる人は全員が同じ土俵に立つことになりますから、それぞれが努力しなくてはいけないのは言うまでもありません。

〝戒〟は自分のため〝律〟はみんなのため

宗教、仏教などで使われる「戒律」という言葉には、いかにも厳格でいかめしいイメージがあるかもしれません。

しかし、お坊さんたちは、戒は自分から守ろうとする主体的なもので、守らなくても罰則がないことを知っています。一方、律は一つの集団の中で守らなければならない規則で、これを破れば集団から出ていく、あるいは破門、隔離されたりすることを知っています。

ですから、お坊さんたちは、戒はゆるやかなもので、律は集団に所属している以上、守らなければならないとわかっているのです。

「朝は日の出とともに起きなくてはいけない」とルールがあったとしたら、修行中は師僧と共同生活をしていますからこのルールは律になるので、厳格に守らなければなりません。しかし、私のように、お寺で自分の家族と暮らしている僧侶なら「日の出とともに起きよう！　いや、起きたいとは思っているんですけどね。わはは」という程度の、律ではない、いわば努力目標の戒になります。

戒は心の内にある

タバコは十四世紀にコロンブスがアメリカから持ち帰ってから世界中に広まったので、紀元前四世紀のお釈迦さまの時代には、タバコはありませんでした。ですから仏教には「タバコを吸ってはいけない」という律はありません。もちろん、スマホもゲームもないので「一日三時間以上スマホでゲームをやってはいけない」という律もありません。

律に明記されていない以上、僧侶はタバコを吸ってもいいのですが、これに関して面白い話が伝わっています。

山に薪《まき》を取りに行った修行僧が、休憩のため山の斜面に座り煙管《きせる》を取り出しタバコを吸いました。

「ああ、ひと仕事したあとの一服はうまいなぁ」と気持ち良さそうに煙を吐きます。

そして、二服目に火を点けた時「むっ？　こんなうまいものを吸っていては修行の邪魔だ」と吸うのをやめ、タバコ道具一式を捨ててしまいます。

律に書かれていないことを自ら戒にするとして伝わった日本の仏教では、強制された律よりもこうした主体的な精神性を土台にした戒が重んじられる傾向があります。

札幌農学校を去るにあたって"Boys, be ambitious"という言葉を残したクラーク博士は、この学校（現在の北海道大学）の設立の際に、細かい校則案を提案した先生たちに向って、校則は"Be gentleman"一つで十分だと言ったと伝えられています。「紳士である」ために、自ら考えて「こうしよう」と内面化することが戒なのです。

その規則は何を守っている？

一方、集団に属している限り守らなければならない律の代表は、日本という国に住んでいる人たちが守らなければならない憲法や法律でしょう。破れば罰則があります。「赤信号では止まれ」など、法律によって決まっているので強制されている気がして嫌がる人がいます。特に若い人のなかには、自分が決めたのでもない法律に縛られるのを嫌って反抗しようとする人がいます。掟《おきて》を破ることで、自分は何者にも束縛されない自由人であると宣言しているように見えることもあります。

しかし、律は集団に属する大多数の人たちを守る（安心して暮らしていける）ために決められています。赤信号はあなたに「止まれ！　止まらないとひどい目に遭わせるぞ」と嚇《おど》しているわけではありません。多くの人の通行を安全かつスムースにするために、「今は別の信号が青になっていますよ」と教えてくれているのです。

規則が嫌いな人は、その規則が何を守ろうとしているのか考えてみると、嫌な顔をしないで従えるようになります。

我慢の本質を押さえる

私たちは、なぜ行動できるのだろう——そう考えた人のなかに、昔のインドのお坊さんがいました。

漫然と日々を過ごしていても、心は周囲の現象に翻弄《ほんろう》されるばかりなので、いつでもどんな時でも心穏やかな人になるためには、何かアクションを起こさないといけません。そのために行動原理を解き明かして修行に励もうと思ったに違いありません。

何かが壊れて動かなくなったとき、分解して修理すればまた動き出すように、私たちは物事の仕組みがわかれば、心と行動をコントロールできるようになります。

自分で決めて動いている

お坊さんが辿り着いた答えは、「人は決めないと動けない」ということでした。たしかに、私たちはどんな行動をするにしても、目標を決めてから動いています。

今あなたが着ている服も、服を着るという目標のために「これにしよう」と決めてタンスから引っ張り出したはずです。「そんなことはない。無造作に取り出したものを着ている」とおっしゃる人もいるでしょうが、それはそれで「着られるものならなんでもいい」と決めたはずです。

「お坊さんになるための修行は大変でしょう」と聞かれることがありますが、私たちは僧侶になるという目標があるので、みなさんが思うほど大変ではありません。僧侶になって悟りを目指すという目標がない人が修行すれば、耐えがたい苦行になるでしょう。

このように何かを決めれば、一歩動き出せます。逆に、動けないのは決めずに（決められずに）迷っているからです。

この「決心すれば動ける」というシンプルな原理を象徴したのが、揺るぎない信念で衆生を救おうとする不動明王という仏さまだと、私は解釈しています。

我慢には二種類

「住職さん、うちの子どもは我慢ができないんですよ」と、愚痴《ぐち》とも相談とも取れることを言われるときがあります。

その話が愚痴だと思えば適当に話を聞いて、最後に「でも、お宅なんてまだいいほうですよ」と言えばだいたいケリがつきます。

しかし、愚痴でなく相談だと思ったら「目標がないと我慢なんてできませんよ。だから、何のために我慢しなくてはいけないかという目標を明確にしてあげるといいですよ」とアドバイスします。

さらに、目標が明確になったときにする二種類の我慢についてもお伝えします。

目標を達成するためには、我慢してでもやらなくてはいけないことがあるし、やりたくても我慢してやってはいけないこともあるのです。

私たちは、子どもの頃から、やりたいことをやらせてもらえない、やりたくないのにやらなくてはいけないなど、自分の意志に反することを無理にすることを我慢と思い、「我慢は嫌なものだ」と考えがちですが、目標設定がしっかりできて（不動で）いれば、そんなことはないのです。

今は我慢のしどころか

ここまでを簡単に整理します。

私たちは、決めないと動けません（決めたらあとは動けばいいのです）。

目標を決めたら、我慢してやらなければならないことと、やりたくても我慢してやってはいけないことがあります。とてもシンプルですね。

私も、一歩踏み出せないときは「自分は何を目標にしているのだろう」と考えるようにしています。

そして、やりたくないと感じたときは「ここは我慢してでもやらないといけないのではないか」、何かやりたくなったときにも「これをやったら目標に近づくのか？　やりたくても我慢のしどころではないのか？」と胸に問い、腹に答えるようにしています。

「こうしよう」と自分で決めた戒を守れるか否かも、「なんのために」という目標が明確かどうかにかかっているのです。

第三章
スルーできりゃ、たいしたもんよ

- 荷物は送り主の元に戻される
- パーを出して相手を包んでしまう心の余裕
- 許せないからいつまでも不幸なのです
- 這えば立て、立てば歩めと練習を重ねてきた人生
- おやじさんは生まれる前、どこにいたと思います?

忍辱

「にんにく」と読みます。
日常で生まれる悩み、苦しみに耐え忍び、
狭い視野を広げて、心を穏やかに保つ心がけです。

その悪口を受け取らないために

心が穏やかになるための六つの方法のうち、三番目は忍辱《にんにく》です。つまり「我慢する」ことですが、狭義には「屈辱を耐え忍ぶ」という意味があります。

どんなに素晴らしい人でも、前の章でも述べたように、〝人の悪口、蜜の味〟ですから、悪く言う人はいます。〝人の口に戸は立てられない〟のです。その悪口にいちいちムキになって反論し、あるいは「いったい、どの口がそんなことを言わせるのだ。お前だって……!?」と相手を批判して逆にやり込めようとすれば、ますますこちらの心は穏やかでなくなります。

大人になれば、他人が自分のことをどう思っているかくらいの見当はつけておきたいもの。そうすれば「あなたは間違っている」と言われても、「あなたがそう思っていることは察していました」と批判や悪口を冷静に受けとめられます。

受け取り手のない荷物

お釈迦さまも非難や中傷をたくさん受けました。ある時、都合のいいことに自分の悪口を言いふらしている張本人に出会います。つまり、面と向って悪口を言われたのと同じ状況です。お釈迦さまはまず自分から挨拶しました。

「こんにちは」

「ふん、何が『こんにちは』だ。ふざけおって。嘘偽りを並べ立て、口先一つで人の心をたぶらかす極悪人め。自分では働きもせず、布施《ふせ》をすれば功徳があるなどと都合のいいことを並べ立ておって、国が国、世が世なら、お前など市中引き回しの上、はりつけ獄門だ。さあ、度胸決めて、返答しやがれ」

「ほう、威勢のいいことでございますな。では、申し上げますが、ここに私あての荷物が届いたとしましょう。その荷物を私が受け取らなかった場合、荷物はどうなりますか」

「そんなことも知らないのか。出家とはいえ世間知らずにもほどがある。お前が荷物を受け取らなければ、荷物は送り主の元に戻されるに決まっているではないか」

「ああ、そういうものですか」

「そういうものだ」

「では、あなたが私に送ってくださった言葉の荷物を、私は受け取りません」

「何？　受け取らないとはどういうことだ」

「ですから、あなたの発した言葉は、送り主のあなたに戻るというわけです」

「……」

かなり講談っぽく脚色してお伝えしましたが、スカッとする話です。本当の忍辱は、屈辱に対して黙って耐え忍ぶことなので、一休さんのようにトンチを効かせたお釈迦さまのやり方は、ルール違反です。しかし、「受け取り手のない荷物は、送り主の元に戻される」は、覚えておくといい言葉でしょう。

ムキにならずにやり過ごす

トンチの効いたやり方で屈辱の矛先《ほこさき》をそらせたお釈迦さまの逸話をご紹介しましたが、お釈迦さまは、非難した本人と会うまでは陰口を言われていたことになります。

風の便りに自分を非難していることが耳に入ったら、にやりと笑ってやり過ごすしかありません。その非難が不当だと弁解のように訴えれば、「それほど弁明するのだから、あの非難は〝当たらずとも遠からず〟なのではないか」と思われてしまいます。

目の前で言われない限りは、何も考えないほうが身のためです。人のうわさ話と同じく、本当か嘘かもわからないのですから、実際に出くわしてから、「ふむふむ」とご意見を頂戴するくらいで丁度いいのです。相手のことは、とりあえず放っておいて、自らの言動で正しさを示していきましょう。

逃げるが価値の時もある

自分に向けられた批判に反論せず、グッとこらえなければならない場面が私たちにはたくさんあります。こらえずにすぐに反論すれば、ケンカになります。相手が偉そうに批判して、それにすぐさま反応するのは、相手の出した握り拳（グー）に、握り拳を出すようなもので、ジャンケンならあいこですから勝負がつきません。

そんなときはパーを出して相手を包んでしまう心の余裕をもつことがとても大切なのです。

私は「ガンバリや　グチは　ゴクリと腹ん中」を座右の銘の一つにしていますが、自分に対する批判もいったんは腹の中に入れて、すぐに反応したくないもの。怒りの（アンガー）コントロールの基本は、六秒以上つづかないといわれる怒りの感情を、六秒ほど腹の中に留《とど》めることだといわれます。

その荷物は相手のものか、自分のものか

六秒間我慢できるようになるには練習が必要です。まず身近にいる人に事情を説明して「私に関して気に入らないことがあったら、その場ですぐに言ってみて。ただし、二十回まで」と頼んでみるといいでしょう。耐える練習を二十回すれば、怒りの感情を我慢する感覚がわかってきます。二十回が三日で終わってしまう人も一か月かかる人もいるでしょうが、その練習をすれば、身近でない人からの批判も、とりあえずグッとこらえて腹の中にしまえるワザが身に付くようになります。

次にやることは、あなたを批判した相手と、その批判内容を分けて考えるようにすることです。

「あなたはやることなすこと、ルーズで適当だ」と非難されても、尊敬している人から言われれば助言として受け取れますが、別の人から言われれば非難と

して受け取るでしょう。あるいは、「私は頭が悪いから」と自分で言うのは良くても、「あなたって頭がよろしくないのねぇ」と他人から指摘されると腹が立ちます。自分の欠点をわかっているつもりが、その実、受け入れたくない部分ということでしょう。

批判や非難は何もないところからは生まれてきません。火のないところに煙は立たないのです。小さくても何か悪いところに火が点《つ》いて、批判や非難という煙が立つことを知っておくのは大人の知恵でしょう（内緒ですが、この「火のないところに煙は立たない」のたとえは、こちらが批判した相手がすぐに「そんなことはない」とムキになって反論してきたときにも、相手に冷静に考えるきっかけを与える効果的な一言です）。

私は批判されたとき、言った本人と言葉の内容を長くても三日かければ分けられるようになりました。「あの人はとても尊大な態度だから好きになれないけれど、もとより〝火のないところに煙は立たない〟から、言葉の内容だけ受け取って、反省できるところは反省して、直していくかな」と思えるようになるものです（実際に直すには、何人もの人に、同じような批判をされて、その都度考えてみる練習が必要です）。

どのように逃げても勝ち（価値）

これで、批判を甘んじて受けて腹の中にいったん収める方法と、批判の内容とそれを言った相手を分離して、その内容を自分磨きの材料にする手はずについてお伝えしました。残ったのは、あなたを批判した嫌な奴の処遇です。

「実るほど頭《こうべ》を垂れる稲穂かな」「育つほど土に手をつく柳かな」といわれるように、批判をするにしても、人徳のある人は自分の力を誇示するようなやり方はしません。

頭を垂れるどころか日向《ひなた》のどぶ板のようにソックリかえっているような人なら、こちらは〝君子危うきに近寄らず〟。離れているに越したことはありません。仕事などで、どうしても離れられない場合には、精神的な距離をおくように努めます。もしくは、相手の姿が見えたら隠れるなどの物理的な距離を保てばいいのです。逃げるが勝ち（価値）です。

許すことができない言動をどういなすか

あまり起こってほしくないですが、人生で一度や二度は、叩《たた》きのめされ、がっくりと膝が崩れ落ちるようなことを言われる場面があるものです。

精一杯やっているのに何度か同じような失敗（すでにあるものをまた買ってしまった、好意を踏みにじるような言動をしてしまったなど）をしたときの「学習能力がないね」という一言。気弱な私は、この言葉で、全人格を否定されたような気持ちになったことがありました。

さらに、人のために自分の時間を犠牲にし、労力を惜しまずにやっているときに言われた「人のため？　ふん、きれいごとを言って誤魔化すものじゃない。自分がやりたいからやっているんでしょ」は、それまでの私の苦労が水の泡になった気がして、二か月ほど悶々《もんもん》とさせられた言葉です。

人を恨んでばかりいられない

こうした言葉は、電車の吊り棚に置かれた他人の荷物が自分に落ちれば痛いのに、自分の荷物なら痛くないのと同じです。あらかじめ自分でわかっていればちっとも傷つくことはありません。

懲りずに同じような失敗をくり返す自分を自覚していれば、「学習能力がないんじゃないのか」と言われても「そうなんだ、そこが問題なんだ」と笑っていられます。

たとえ人のためでも、すべては自分の気持ちが良くなるためにしているという自覚があれば、「人のためと言いながら、つまるところ、自分のためにやっているんでしょ」と非難されても、平気な顔で「まったく、仰せごもっとも」。

でも、面白いことに、最近は自分と他人の区別がつかないことがあって、自分のためと言いながら人のためになっているという状況が時々あるんだ」と返せます。

そのような自覚がないと、受けるショックは強烈です。言われた内容は理に適《かな》っているかもしれませんが、言った本人を許せずにいつまでも根にもち、ことあるごとにその記憶がフラッシュバックして嫌な気分になります。

誰もそんな状態を何度も味わいたいとは思いません。人を恨んで一生を終えるほど、私たちは不幸ではないはずです。では、どうすればいいのか。それをお伝えします。

許しと不幸どちらが先か

「自分の不幸を誰かのせいにしている人は、その誰かを許せない。許してしまうと、自分の不幸の原因がなくなってしまう（不幸の説明がつかなくなってしまう）からだ」は友人から聞いた言葉です。原典は、おそらくオーストリアの心理学者アドラーの言葉でしょう。

「あの時に言われた言葉、言った人のことを思い出して不愉快になる」のはまさしく不幸な状況で、その不幸は〝あの人〟に由来すると思いたくなるのはよくわかります。

しかし、赤ちゃんが笑うのは喜んだり幸せを感じたりしているからではなく、笑うから喜びや幸せを感じると聞いたことがあります。私は、それと同様のことが〝許せない誰か〟〝不幸〟にも当てはまるのではないかと思っています。不幸だから誰かを許せないわけではなく、許せないからいつまでも不幸なのです。

許し方はさまざまです。あの人にもそれなりの事情があるのだろうと察したり、人を傷つけていることに気づかない哀れな人だと思いを寄せたりなどなど、驚くほど簡単に許せることもあります（私がそうでした）。

加えて、言われた内容と言った本人をきれいに分けて考えることも必要です。言われた内容だけを分析して「まあ、当たらずとも遠からずというところだ。

いいアドバイスだと思おう」と考えれば、心は穏やかになっていきます。

できないことをするのが練習

私に話し方を教えてくれた村上正行アナウンサーが、ＮＨＫでお仕事をされていたときの話です。

ある時、読売ジャイアンツの取材で練習場がある多摩川のグラウンドを訪れた村上さん。マウンドでは当時エースの堀内恒夫投手が練習をしていました。

熱心に練習する姿を見て、村上さんは隣にいたピッチングコーチに言いました。

「彼は今年も活躍しそうですね」

「どうしてわかります？」

「だって、あんなに一生懸命練習して、汗を流していいボールを投げているじゃないですか」

するとコーチはこう答えたそうです。

「村上さん、あんなのは練習じゃありません。堀内は去年もあのくらいの球は投げていました。できることをいくらやってもそれは遊びです。できないことをするのを練習というんですよ」

やってみる勇気

村上さんがこの話をしてくれたのは、「人前で話をする際に『え～』と言いたくなるのを我慢すれば、いい間《ま》になる」という課題を私がなかなか達成できず、言い訳をした時でした。

この話に感銘を受けて以来、私は「できないことをするのが練習」を座右の銘にしています。やったことがないことに挑戦する勇気を与えてくれる名言だと思うのです。

小学校低学年に道徳の話をしてほしいと頼まれた時も、〝日本語さえちゃんと理解できない子どもに道徳をどう説く？〟と当惑を駄洒落《だじゃれ》で誤魔化してはみたものの、すぐに「やったことがないのだから、練習だと思ってやってみよう」と決心しました。

また、私の法話を聞いた人や読者から「あなたの話はよくわかるし、いい話だと思いますが、実際にやるのはとても無理です」と言われると、「できないことをするのを練習っていうんですよ」と励ますようになりました。

ここでの話は、新しいことに前向きになってチャレンジしましょうとばかり申し上げたいのではありません。

鉄も放っておけば錆《さ》びてしまうように、できていることでも、何もしないでいれば勘も鈍り、できなくなります。

ですから、技術や健康などを現在の状態で〝維持すること〟も、できないことの一つでしょう。継続は力なりといわれますが、継続できない人が何かを継続させようとするのも、やったことがない練習の一つです。

修行は練習

この「練習」を仏教で修行というのではないかと思う時があります。修行といえば苦しそうですが、練習だと思えば気持ちが楽になります。

〈千手観音は千本の手すべてを、他を救うために使うのに、今日の私はたった二本の手を自分のためにしか使っていない……。よし、明日は一回でもいいから、ほかの人のために使ってみよう〉と思えば、布施の修行になります。

〈今日一日、人が喜ぶようなことを一言も言っていない……。せめて、明日は言う練習をしよう〉と取り組めば、愛語の修行になります。

〈最近は自分の意見を相手に押し付けてばかりで、ちっとも相手の立場に立っていないな……。せめて、明日は相手の立場になって考える練習をしよう〉と取り組めば、仏教でいう〝同事《どうじ》〟の実践行になります。

生まれた時から、母乳→離乳食→普通食と、やったことがないことを練習し、這えば立て、立てば歩めと練習を重ねてきた人生です。今さら、できないことを練習するのをためらうことなど、ありゃしません。

キャッチボールで剛速球や変化球を投げない

お釈迦さまは相手の機根（状況）によって言い方を変えたといわれています。対機説法と呼ばれます。

相手の状況によって言い方を変えるのは、お釈迦さまに限らず、私たちも同じでしょう。

親しい人を亡くして間もない人には「がんばって」と言わないほうがいいとされます。言われれば、がんばれない自分を責めてしまうからです。だから「おつらいですね」と共感するに留めます。

しかし、時機をみて「まだ、あなたにはやらなければならないことがあるじゃないですか。手伝えることがあれば手伝いますよ。がんばって」と伝えるのはOKです。

仏教の教えも、ある時は「がんばってと言わないほうがいい」と説き、ある時は「がんばってと言ったほうがいい」と説きます（こうして多くの経典ができました）。

共通するのは、相手の心が穏やかになるにはどうしたらいいかを考えている点です。

「お出かけですか」は挨拶

私が住職をしているお寺の「話の寺子屋」で講師を務めてくれていた村上正行アナウンサーは「会話はキャッチボールです」とおっしゃっていました。

キャッチボールは相手が受け取りやすい球を投げるのが基本です。「おはよう」には「おはよう」と笑顔で返し、「ありがとう」には「どういたしまして」

と返すのが言葉のキャッチボール。人間関係の潤滑油です。

近所付き合いが色濃く残っている下町では、近所の人が出かける姿を見ると「お出かけですか。どちらまで?」と言います。この挨拶に対する受け答えは「はい、ちょっとそこまで」でOK。すると「ああ、そうですか。気をつけて、いってていらっしゃい」とすぐに返ってきます。軽快な心と心のキャッチボールです。

家族が「疲れたぁ」と帰宅したら、「長い時間集中して仕事をして、さらに人間関係にも気を使ってきたのだから、疲れたでしょう」とまず相手の言葉を受け取ってあげるのがキャッチボールの基本です。そして、「この人に話して良かった」と思ってもらえるような言葉を返しましょう。

くれぐれも「疲れるのは気の使い方が下手だからよ」なんて、相手の球を打ち返すようなことはしないでください（私はいったい、誰にお願いしているのでしょう……。きっと家内です）。

言葉のドッジボール

実は私は、そのキャッチボールがうまくできません。

「お久しぶりです」と言われると、「私を避けていたんでしょ」と剛速球を返したり、「こちらこそ。貧乏暇なし、無沙汰ばかりで申し訳ありません」と変化球を投げたりして、相手を困惑させます。

やりたくないことがあれば「そんなことをするために、何度も正月のお飾りの下をくぐってきたわけじゃないからねぇ」と魔球じみた言葉を投げてしまいます。

こうなるとキャッチボールではなく、ドッジボールです。私はよほどの恥ずかしがり屋か、心がサザエの尻尾のようにねじ曲がっているかのどちらかなのでしょう（きっと両方です）。

大和言葉の「は」は、葉、歯、山の端、刃など、何かの先端についている物を表わすそうです。「ことば」の場合、その本体は心です。

心が素直で誠実なら、その先端にある言葉も素敵なものになるでしょう——

だから、少しずつ心を磨いていこうと思うのです。

ちなみに仏教の「不悪口戒《ふあっくかい》」は乱暴な言葉遣いをしないこと。人の悪口を言わないは「不両舌戒《ふりょうぜつかい》」に配当されます。

心の濁点に用心する

ある日、道を歩いていると、前のほうから二人のご婦人が何やら話しながらやってきました。

具体的な話の内容はよくわかりませんが、すれ違う時に聞こえたのは「私たちがせっかくやってあげたのに、あの態度や言い方はないわよねえ」という日常ではよく聞く言葉でした。

お志はありがたいけれど……

誰かに何かをしたとき、相手が「ありがとう」「おかげさまで助かりました」と感謝してくれれば嬉しいものです。何かしてもらったら感謝する――実にシンプルな心と心のキャッチボールです。

しかし、私は「してあげましょうか」といわれると「自分でなんとかします」と答えたくなります。相手の言葉の裏側にそこはかとなく漂う「してあげる」という押し付けの気持ちと、「やったことに対して見返りがあるはず」という相手の思い込みのせいで、はなはだ厄介な状況に追い込まれたことが少なからずあるからです。

「恩は着るもの、着せぬもの」といわれるように、恩はそれを受けた人が感じるもので、他人から無理矢理「恩を感じろ」と強要されるものではありません。

また、見返りを求められても、相手が期待するような見返りを返せなければ

「恩知らず」の誹《そし》りは免れないでしょう。「これをやってあげたのだから」と交換条件を突き付けられるのは真っ平御免です。簡単に言ってしまえば「小さな親切、大きなお世話」。私に言わせれば「お志はありがたいが、お心底が恐ろしい」状況なのです。

意志と口と徳が濁ると……

かつて先輩のお坊さんが教えてくれた言葉に「意志が濁ると意地になり、口が濁ると愚痴になり、徳が濁ると毒になる」があります。意志、口、徳、それぞれの読みに濁点が入ると、意地、愚痴、毒となり、悪い意味になります。この場合の濁点は「心の濁り」のことです。

何かやろうと決意したものの、心が濁り始めれば他人の意見に耳を貸さず、他人に迷惑をかけても見て見ぬふりをし、自分の意志をかたくなに貫こうとします。そうなれば、もはや意志ではなく意地です。

人徳を鼻にかければ、天狗の鼻のように高くなります。昔から「鼻高々の天狗のお面、裏から見たら穴だらけ」といわれます。自分に徳があるという、盃一杯ほどの驕《おご》りが、やがて大船を浮かべられる大海のように大きくなります。心が濁ったせいで、徳が毒になってしまうのです。

愚痴も心が濁っているときに口からこぼれます。「愚」も「痴」も意味は「おろか」ですから、愚痴は〝ダブルおろかバーガー〟のようなもの。このハンバーガーをむしゃむしゃ食べると、げっぷのように出てくるのが愚痴なのかもしれません（たとえが汚くてごめんなさい）。

濁点を取る方法

ですから、「せっかく〜してあげたのに」と愚痴をこぼしたくなったら、見返りを求めているかもしれないと気づき、無条件で何かさせてもらう、仏教でいう「布施」の精神を思い起こせばいいのです。そうすれば、濁りが取れたきれいな言葉が口から出るようになります。

意地になっているのに気づいたら、周囲の意見を聞き、迷惑をかけていないかチェックすれば、さわやかな意志に戻ります。

自他ともに害する心の毒に気づいたときに、謙虚と感謝のフィルターをかければ、濁りが除かれた徳が残ります。

誰かのために何かしたあとに、「〜してあげたのに」と愚痴をこぼしたくなったら、心の濁りを取り除くチャンスです。そんな機会は、佃煮にできるくらいありそうですね。

ところで、どこから来たの？ と考えることも時には大事

「考えてもわからない」ことを、仏教語で「不思議（思議しない）」といいます。そして、「考えちゃダメ！」を「不可思議（考えるべからず）」といいます。

どうして私は男（女）なのか、どうしてこの時代に生まれたのかなどは考えても仕方がなく、「不思議だが、そうなっている」と現実を受け入れるしかありません。その意味で、仏教は「わからないことを、わからないとしておく勇気をもて」という教えも含んでいます。

命をめぐるコンニャク問答

しかし、証明不可能でわからないことでも、ロマンをもつことで、心が穏やかになれることがあります。その筆頭が「私たちはどこから来て、どこへ行くか」かもしれません。

私が住職をしている寺は、明治以来、百二十年ほど住職が住んでいませんでした。そこへ、二十五歳で結婚した私が夫婦で住むことになりました。ある時、小粋で少し意地の悪い檀家《だんか》のおやじさんが玄関にやって来ました。

「あんたが新しい住職かい。ちょっと聞きたいんだけど、人は死んだら本当はどこへ行くんだい。内緒にしてないで、教えてくれよ」

〝今度来た住職てぇのはどんな人なんだか、計りじゃないがこのオレが計ってやろう〟という魂胆なのは明らかでした。

私は言いました。

「おやじさん、『死んだらどこへ行くのか』と聞く人に限って、それじゃ、生まれる前はどこにいたのか考えないもんだけど、おやじさんは生まれる前、どこにいたと思います？　父親の精子でも、母親の卵子でもなかった時に」

「そんなこたぁ、知らないよ。住職は知ってるのか？」

「知らない」

「なんだ、知らないのか」

「知らないけど、私は死んでから行くところは、生まれる前にいたところだっていう確信があります」

「？.？.？」

私たちの命を作ったあれこれ

私たちが受精して命になる前は、精子と卵子に分かれていました。その精子を作り、卵子を成熟させるために、両親は栄養を取りました。ですから、精子になる前の私は、父が食べたお米一粒、お新香の塩分、ビールの泡一つの中にいたかもしれません。父のひげそり後の頬をなでた風の中に、あるいは「いい天気だなぁ」と見上げたさわやかな青空の中にも、元気な精子が育つ元があったかもしれません。

一方、母の体の卵子が熟成する元の栄養は、母が飲んだお味噌汁や、食べたカレーの中にあったかもしれません。洗濯物を干して浴びた日光の中にもあったでしょう(私たちは日光を浴びないと、カルシウムを骨に取り込むための十分なビタミンDをつくれないそうです)。

言い換えれば、命になる前、地球を含めた宇宙のあちこちに、私たちは無数の粒や要素として存在していたことになります。そして、死んで骨になり、お墓に入っても、仏教における三千大千世界という大宇宙の外に飛び出ることはないと思うのです。

前にいた世界に戻れる安心感

そんな考えから、私は「自分が生まれる前にいたところと、死んでから行くところは同じ場所。そして、そこは絶対安心の世界」という確信をもつようになりました。人はそこを大宇宙、仏の国、法界など、さまざまな呼び方をします。

この世の役割分担が終われば、生まれる前にいた絶対安心の世界に帰（環）るのだから、つまらないことを気にしなくていいでしょう。

ちなみに、私を訃りに来たおやじさんは、生まれる前の世界に戻ってしまったので、私が向こうへ行ってからゆっくり話をしたいと思っています。

お墓の花がこちらを向いている理由

二十五歳になるまで、私は仏像の大きさばかりを強調するお寺、霊園、自治体があると「そんなに大きいのが偉いなら、もっと大きいのを作ればいいじゃないか」とニヒルな笑みを浮かべていました。お盆になれば「死んだ人は帰ってこないよ。帰ってきたら、それはオバケっていうんだ」と中二病の症状そのままに、物事を合理性で割り切ろうとしていました。

いわばクスリの効能書きばかりを読んでいたようなものです。クスリの効能書きをいくら読んでも病気は治らないように、実生活では何の役にも立たず、心穏やかには生きていけません。

こうした若者が抱える問題を私がどう解決したかは、のちほどお伝えしますが、まさにこの頃、境内に墓地があるお寺に住んでいる私にとって、「亡き人や、仏さまに手向けた花なのに、どうして正面をこちら向き、生きている人間側に向けてしまうのか」が大問題でした。

供え、贈られていた花

お墓や仏壇、お堂などに供えられた花は私たちのほうに向けます。しかし、これでは、肝心の亡き人や仏さまからはきれいな花はほとんど見えず、葉っぱしか見えません（その数六十四枚といわれます。（8×8《ハッパ》）＝六十四ですから）。

そこで、敬愛する先輩のお坊さんに聞くと、すぐにこんな答えが返ってきました。

「花を見て怒る人はいないだろう。仏教ではやさしさ、慈悲の象徴だ。もう一つ、花は寒い時期を耐えて咲くから、我慢の象徴でもある。

このやさしい心と我慢する心を花に託して供えるのだが、受け手の亡き人や仏さまは、その心の三割しか受け取らず、残りの七割をこちらに返すっていわれている。

〝今のあなたは、事によってはやさしさがしおれてしまっているかもしれない。時によっては我慢する心が蕾《つぼみ》のままかもしれない。でも、いつか、この花のように大きく、きれいに咲かせていきなさい〟――つまり、亡き人や仏さまから私たちへの応援の花束として、わざわざこちらを向かせるんだよ」

この話を聞いてから三十五年経ちますが、こちらに向いている花の前で手を合わせるときは、今でも先輩の言葉を思い出して自分のやさしさや我慢する心をチェックしています。

人の心情を土台にすればわかる

花を手向けるという心が亡き人や仏さまに向っていれば、花の向きはどうでもいいのです。どうでもいいのなら、花束の正面をこちらに向けることで、この世の役割分担がまだ残っている私たちが、心穏やかに生きるための糧にしたほうがいいでしょう。

冒頭の大きな仏像問題についても、「お金を出せばいくらでも大きい仏さまは作れる。しかし、いくら理屈をこねても慈悲や智慧《ちえ》の大きさには辿り着けない。やはり、理屈を越えて実感できる大きさにしたいという人びとの思いも大切にしたほうがいい」というのが現時点での私の結論です。かつての私は大きさの大小にこだわっていました。大きさが権威の象徴のように思って反発していた気がします。しかし、東京浅草寺の本堂は巨大ですが、祀《まつ》られている本尊の観音さまは一寸八分（五・五センチほど）です。そこには、やはり人びとの思いがあるのです。

亡くなった人が懐かしい我が家へ数日間帰ってくるお盆も、やはり人びとの思いが土台でしょう。あの世へ行ったら私も年に三、四日はこちらへ帰ってきて（それより長いと、この世の人の迷惑になるでしょう）、親しい顔と一緒にあの世では食べられないものを食べたいと思うようになりました。合理性ではなく、人の心情に土台をおいて物事を理解するようになると、世の中がぐーんと広く、深くなり、心も穏やかになっていくものです。

第四章 「仕方がない」からやってみる

- 自分がたいへんな時 VS 人の楽な時
- 今日は、人が喜びそうなことが言えただろうか
- 諦めるべき時はこういう時です
- 私は〝お悩みゴーラウンド〟と命名しています
- 理屈や浅知恵で対抗できる相手ではありません

精進

「しょうじん」と読みます。努力のことです。
仏教では、善行を積み、仏の境地に近づくために
修行に専心することをいいます。

成功するとは限らないが

「精進《しょうじん》努力」といわれるように、精進は精魂込めてひたすら努力して進むことを表わす仏教語ですが、一般の方は肉や魚を食べない精進料理の〝精進〟のほうが親しみがあるかもしれません。

目的に向って努力しなければ多くのことは達成されないでしょう。きれいで清潔な服を着たければ、洗濯という努力をしないといけませんし、生きるためには、食べるという努力が必要不可欠です。〈食べることが努力？〉と思う人がいるかもしれませんが、病人は「ちゃんと食べないとだめだよ」と励まされます。友人の元関取は「相撲取りになって一番苦労したのは稽古《けいこ》ではなく、お腹がいっぱいなのに食べて体を大きくすることでした」と述懐します。どんなことにも精進努力があってこそなのです。

結果ばかりが気になると……

人生で、ある程度物事を成し遂げた人は、努力の大切さを強調して「努力すれば成功する」と無責任なことを言います。具体的な成功例は受験から健康維持、好きな人との結婚、技術獲得などさまざまですが、その成功は努力によるものだというのです。

しかし、知っておきたいのは「成功したのは努力したから」であっても、「努力すれば成功する」わけではないということです。カルト教団が「信仰すれば救われる」と宣伝して、その流れで「救われないのは信仰が足りないからだ」と脅すのと同様です。

努力は大切です。しかし、努力して得られる結果ばかり気にしていると、その成果がないときに「どうせ私は」と不貞腐《ふてくさ》れ、「せっかくやったのに」という愚痴が量産されることになります。そんな人と一緒にいてもつまらないですから、周りの人はどんどん離れていきます。

努力は才能か習慣か

努力の有効性を力説する人がいる一方で、努力できるのも才能のうちとする努力才能説を取る人がいます。

そのように考えれば、一途に努力しつづけられる人と努力しようと思ってもできない三日坊主がいる説明がつきます。これは、努力できない自分を正当化できる、とても魅力的な考え方でしょう。

新しいことにチャレンジするのが好きな（アメリカ西部開拓史に登場するような）人は、挑戦を厭《いと》わない遺伝子をもっているという話を聞いたことがありますが、近い将来、努力できる人のなかにも「努力を持続できる」遺伝子が発見されるかもしれません。しかし、努力ができる人に生まれてきた、できない人に生まれてきたと考えてしまうと、目標が達成できなかったとき、やっぱり愚痴が出てきてしまいそうです。

努力するのは仕方がない

私は思うのです。三日坊主であろうが一日坊主であろうが、努力がまったくできない人はいないでしょう。誰しも小さな努力をして暮らしています。服を着るという行為も一つの努力です。その努力ができないから裸で過ごしているという人は見たことがありません。食料品や衣料品を買いに行くのも一つの努力でしょう。「それは努力ではない。仕方なくやっているのだ」と反論されるかもしれませんが、この「仕方なく」が努力の本質の一端だと思うのです。

仕方なくであっても、一つの目標を達成するためにやらなければならないことがわかっていれば、やるしかありません。

子どもの頃に「どうして勉強するの?」と親を困らせる質問をした人は少な

くないでしょう。三章では、練習についてお伝えしましたが、目標がなければ勉強という努力（我慢して勉強）をするのはつらくなります。

目標達成のために精進努力するのは、仕方がないことなのです。仕方がないなら、やるしかありませんし、まずはやってみればいいのです。

「うらやましい」から考える

誰かと比べて「いいなあ」と、うらやましがっている人はいませんか。うらやましいを漢字で書けば「羨ましい」。羨は「羊＋よだれ」で、いいもの（羊）を見て、よだれをだらりと長くたらす意味があるそうです。

うらやましさと惨めさはセット？

うらやましいという感情は、人が持っている物に対してだけ抱くものではありません。友人にはたくさんの友達がいて、学生生活が楽しそう、近所に住むご夫婦がのんびり温泉旅行に行ったなど、自分も経験してみたい誰かの体験談にも、うらやましいと思うことがあります。

私は都内の、比較的大きなお寺の住職の次男として生まれました。兄は将来の住職ですが、私は僧侶にならなくてもいいお気楽極楽の身。それでも、僧侶の資格を取って結婚して、百二十年間住職がいなかった檀家《だんか》八十軒ほどのお寺に入ることになりました。その頃は、「兄キはいいなあ。経済的に何も困らないお寺を継がせてもらって……」とうらやましがっていたものです。しかし、数年で「こんな不甲斐ない愚痴をこぼして自分を惨《みじ》めにするために、この年まで生きてきたわけではない」と気づきました。

そこで「うらやましい」について考えました。最初に気づいたのは、うらやましいと思うのは、たいがい「自分がたいへんな時」と「人が楽な時」を比べているということでした。これを比べれば、誰だってうらやましいに決まっています。運営に困窮している寺が、経済的に安定している寺と比べれば、よだれがたれるのは当たり前です。

そこで、考え方を逆にしました。「自分が楽な時」と「人がたいへんな時」を比べたのです。私のお寺はあまり忙しくないので、「毎日が日曜日」のようなのんびり生活ですが、兄の寺は毎週お葬式があるのです（それにともなって、四十九日、一周忌などの年回法要の予定が矢継ぎ早に入ります）。とても、のんびりなどしていられません。

このように「自分が楽な時」と「人がたいへんな時」を比べれば、うらやましいと思わなくてすみます。比べるならフェアな比べ方をする――これが、うらやましさを減らす第一段階です。

〝相対〟を離れないと本質はわからない

仏教は、心穏やかになるために、物事のあり方の真実を明らかにすることが大切だと説きます。それは、比較する〝相対〟ではなく、比べない〝絶対〟の見方のことです。

「あなたはあの人に比べてお金持ちだよね」「あなたはあの人と同い年なのに若く見えますね」と比較しても意味がありません。実際にお金をいくら持っているのか、化粧を落としても（年のわりに）若く見えるのかが本質なのです。

「自分がたいへんな時VS人の楽な時」でうらやましがるのも、「自分が楽な時VS人のたいへんな時」を比べて楽になるのも、相対の自分でしかなく、それを超えた絶対の「自分は何者で、何をどうしたいのか」という本質がなかなか見えません。

うらやましさをねたましさにしない

しかし、ある日、『類語新辞典』（角川書店）で「羨ましい」を見て、示唆に富んだ注意書きにハッとしました。

「うらやましい」には他人の状態に自分も到達したいという気持ちがあり、「ねたましい」には他人をそこから引きずり下ろしたい気持ちが働いている——というのです。

比べてうらやましいと思い、自分もそうなるように努力すれば、比べることは悪いことではありません。

仏教では、いつでもどんなことがあっても心が穏やかな境地にいる仏さまをうらやましいと思い、努力するのですから。

しかし、うらやましがっているだけで努力しないと、人の悪口を言ったり、ない噂の種を蒔《ま》いたりして、相手を引きずり下ろしたいというねたみの心に変わっていきます。

自分もそうなりたいと思ってうらやましがるのなら、そうなるように努力すればいいのです。そうすれば、人をうらやんで自分を惨めにしないで生きていけます。

仕事についての考察

英語で、相手の職業を尋ねる表現は"What is your job?"か"What is your occupation?"と教えてもらったのは今から四十年前、私が二十代の頃でした(ジョブは仕事、オキュペイションは職業——くらいのニュアンスの違いです)。

ところが、ほかにも"What are you doing for living?"という言い方があることも知りました。あなたは生きるために何をしていますかと質問するのです。

なるほど、言われてみれば、仕事は自分が生きていくためにすると言っても過言ではありません。

仕事をするのは生きるため

今でも若い仲間と話をしていると「仕事はなんのためにするのか」が話題に

なることがあります。私は「食べて、生きていくためだよ」と〝そもそも論〟で対応します。

どんなに「社会のため」「自己実現のため」ときれいごとを並べても、仕事の基本は遠い先祖が狩りをし、農耕を営んだように「食べるため、生きていくため」です。

ここを押さえておけば、自分の仕事にやりがいや適性への疑問があっても「食べるため、生きるためだから仕方がない」とあきらめられます。もちろん、生きるためには食べなければならず、食べるためにはお金が必要ですから、「仕事はお金を稼ぐため」と言うこともできるでしょう。

僧侶は職業か？

私たちが接する申込書の中には、職業記入欄がある場合がありますが、私はこの欄でペンが止まっていた時期がありました。職業を「生きるため、食べるため、お金を稼ぐ手段」と解釈していたので、〝僧侶〟と書けなかったのです。

私はお金を稼ぐ（食っていく）ために僧侶になったのではありません。格好をつけるようで申し訳ありませんが、僧侶は仕事ではなく〝生き方〟なのです（僧侶仲間が、お通夜やお葬式、法事を「今日、仕事なんだ」と表現するのを聞くと、未だにゾッとします）。

しかし、五十代になってから「仕事は人生のなかでやるべき自分の役割のこと」と考えて、気負わずに職業欄に〝僧侶〟と書けるようになりました。

子どもとお年寄りの仕事

家で勉強しない小学生に親は、「子どもは勉強するのが仕事でしょ。宿題をやりなさい」と諭《さと》します。言われた子は、露《つゆ》ほども勉強するのが仕事だとは思っていません。その後の長い学生生活を考えると、子どもだって親の言うことをそう簡単に聞くわけにはいきません。そこで、ある小学生はこう答えたといます。

「たしかに今の僕の仕事は勉強することだね。でも、僕は仕事を家庭に持ち込まないことにしているんだ」

この話を聞いてから、私は「子どもは勉強するのが仕事」という大人の理屈を潔く捨て、「勉強は子どもの本分」と言うようにしました。

勉強になったエピソードをもう一つ。ある日、高齢の檀家さんが、お寺に来て言いました。

「最近は年を取って、人さまの役に立つことができなくなりました。まったく情けないと思います。今では、毎日をどうにか生きるのが私の仕事のようなものです」

素敵な考え方だと思います。この発想を発展させれば、「人として生まれたのだから、人として生きていくことそのものが仕事のようなもの」と覚悟できるでしょう。

私たちには人生のそれぞれの時期で、やるべき役割があります。それを自分の本分、仕事と考えて、〝仕事＝お金〟という価値観から少し離れると、人生にそれまでとは違った力強い価値が付け加わります。

さて、今の、あなたの役割はなんですか？

一日に一回くらい人が喜びそうなことを言う

滅多に人を褒めなかった私が、積極的に褒めようと思ったのは三十代後半。ある日、台所で起こった出来事がきっかけでした。

夕飯を食べていると、小学生の長男と次男は早々に食べ終わり、隣の部屋のテレビの前へ行きます。次に食事をすませた家内は、休む間もなく鍋やフライパンを洗い始めました。次に食べ終わったのは幼稚園に通っている娘でした。

晩酌をしていた私が見ていると、娘は自分の食器を重ねて、洗い物をしている家内に渡します。すると、兄二人がそのままにしておいた食器も小さな手で器用にまとめて家内に渡します。

私は〝たいしたものだ〟と思いましたが、それを口に出す潔さを、当時はまだ持ち合わせていませんでした。

娘は食器を家内に渡すと、すかさず「私、えらい？」と家内に言います。冷めた坊主だった私は〝褒められたくてやるならやらなくていいのに。褒められたくて何かするのは本心からやっていない証拠だ〟とすぐに思いました。が、家内はすぐにニッコリして、娘に「うん、えらいわね」と言いました。娘はとても満足そうでした。

私は、〝褒められたくて（認められたくて）何かをするのは布施《ふせ》の精神に反する〟と思っていました。

電車やバスでお年寄りに席を譲るのは感謝されたいからではなく、本心から座ってもらいたいからで、見返り（この場合は感謝）を求めない行為が布施行なのだと、かたくなに思っていたのです。

褒めることも布施行

夕飯を終えて住職室に戻った私は、台所での自分の行動が何か変だという気がしてなりませんでした。そして、気づきました。

母親から褒めてもらいたくてとった娘の行動を、仏教の教えで四角四面に考えている自分は、今日、人を褒め、相手が喜ぶようなことを、一つでも言っただろうか——。

そんなことは何一つ言わなかったのは言うまでもありません。いや、それ以前に、他人の良いところに何一つ気づいていないことに唖然《あぜん》としました。

一日生きていて、人を褒める材料に気づかず、それを口に出せないようでは坊主の風上にもおけないバカ坊主だと思ったのです。

以来、積極的に人のことを褒めようと思うようになりました。しかし、お座敷の太鼓持ちではありませんから、まず相手のやること、言うことの良い点に気づかないといけません。

今でも、一日の終わりに「今日は、人が喜びそうなことが言えただろうか。この人のこういうところはたいしたものだ」と、いくつ人の美点に気づいただろうと振り返る訓練をしています。

減るものではあるまいし

お寺に来るご婦人に、ここまでのような話をすると、「私だって旦那に褒められたことなんかありませんよ」とあきらめ顔でおっしゃる方が大多数です。そこで私は「『一日生きているんだから、人が喜びそうなことを言ってごらんなさい』と言ってみたらどうですか」とアドバイスします。

「そんなことを言えば『どうしてそんなことを言わないといけないんだ』って言うに決まっていますよ」

「そう言われたら、こう返せばいいんですよ。『言いたくないいんじゃなくて、言えないんでしょ。悔しかったら言ってごらんなさいよ』って」

意地っ張りな人なら「そのくらい簡単だ。やってやるよ」と重い腰をあげてくれます。

人の良いところに気づいて、それを口に出せるようになると、それが人生の潤滑油として働き、ギスギスした気持ちがうーんと少なくなります。

上っ面の同じ話ばかりではアウト！

「新郎新婦、本日は誠におめでとうございます。ご列席のみなさまのなかには私よりも大先輩の方が大勢いらっしゃるので僭越《せんえつ》ですが、ご指名ですので、一言お祝いの言葉を申し上げます。結婚生活は三つの袋が大切だといわれております。まず一つめは……」

ここまで聞くと、客席にいる私は周りに気づかれないように大きくため息をつきながら、良き反面教師に出会えたと思います。

重ね重ね定番を重ね

披露宴の流れにもよりますが、お客さんはだいたい会場の入り口で新郎新婦に「おめでとう」と祝福してから着席していますから、「本日は誠におめでとうございます」とあらためて祝辞を述べる必要はありません。まさか弔辞を述べるわけではないので「お祝いの言葉を申し上げます」も余計でしょう。

さらに、自分より年上の人が客席にいても、自分が指名されたのですから「僭越ですが、ご指名ですので」と言い訳するには及びません。そんな言い訳を聞きたいと思っている人はいません。もしいるとしたら、その人はお祝いに来たのではなく、「私のほうが立場が上だ」と威張りに来ただけです。ちなみに披露宴では全員が来賓《らいひん》で、特定の人を主賓扱いするのはほかの来賓に失礼でしょう。言い換えれば、全員が主賓です。

さらにイケナイのは、毎日祝辞を述べるわけではなく、数年に一度くらいの機会なのに、使い古された「三つの袋（堪忍袋・給料袋・お袋・胃袋などいくつかのバリエーションがあります）」を持ち出すことです。上っ面《つら》の定番、安定、過不足なくなどの型を取っ払って、新郎新婦の喜ぶ言葉をかけてあげたいところです。そのために心はいつも新鮮にしておきたいと思うのです。

定型文は心の硬化

心を新鮮にしておけば、今日という日は昨日と同じ一日ではなく、生まれて初めて迎える日になります。

そのために、私はその日会う人ごとに異なった挨拶をしよう思っています。大切なのは、それを楽しんでやることです。相手は私が毎回挨拶の言葉を変えていることは知りませんから、毎回同じ挨拶をしてもわからないのですが、それでは私がちっとも楽しくないのです。

晴れたら「洗濯物がよく乾きそうな日になりましたね」「鳥が気持ちよさそ

うに飛んでいました」「晴れると上を見たくなるから不思議ですね」など、朝起きてから感じたことを次々に挨拶の冒頭で利用するようにしています。

雨が降ったときの「いいお湿りですね」は、本当にそう感じたのなら使います。次に出会った人には「これでお気に入りの傘がさせますね」と挨拶します。加えて〝天候の話ばかりしている〟と気づけば、相手に関心を向けます。「髪形似合っていますね」「その靴、ステキですけど、どこで買ったのですか」と、いくらでも話題は広がるはずだと思っています。

それができないなら、私の心がよほど動脈硬化になっているのだろうと反省するのです。

生きた言葉を残したい

ほかに鋭意努力中なのは、別れの挨拶をするときに、その人と同じ時間、同じ空間を共有したことの感想を一つ加えることです。

「じゃ、また」と手を振っているそばから、このあと何をしようか、どうやって帰ろうかと考えているようではアウトだと思っています。

「今日は楽しかったです」「次にお会いできるのを楽しみにしています」「勉強になりました」「なんだか、ほっとしました」などです。

二十年以上努力していますが、まとめの感想を加えられるのは、五割がいいところです（この練習を始めた二十年前は一割でしたから進歩はしています）。死ぬまでに十割達成を目指して、この世とお別れする時も、生きたまとめの言葉をしっかり残したいと思っています。

諦めるべき時はこういう時よ

縁起、因果、因縁――どれもお釈迦さまが説いた、仏教の核となるこの世を貫く道理です。私たちを取り巻く状況は、自然現象を含めて、この原理から逃れられません。

怪しげな霊能者は、この道理を振り回して、不幸の辻褄《つじつま》合わせを霊の仕業という因縁で説明して私たちを脅します。しかし、仏教が説く因縁や因果は、不幸を説明するためのものではなく、現状を不幸だと思い込んでいる自分の心を因と縁で掘り起こして、より良く生きるためのものです。

病気や貧しさ、人間関係のトラブルもそれ自体が不幸なわけではありません。一見不幸に思える状況でも、心の持ち方一つで、この上ない自分磨きの材料になるのです。

集められる縁と集められない縁がある

私たちは〝こうなればいい〟という目的達成のために、さまざまな努力をします。この場合、結果に辿り着くための一つの縁が〝自分の努力〟です。

美味しい夕飯が食べたいという結果にいたるためには、料理の腕を磨き、買い物をするという努力（縁）がどうしても必要です。ところが、縁のなかには自分で集められないものもあります。四月に八百屋さんを相手にして「生のトウモロコシを夕飯に使いたいのよ。日本列島は縦長なんだから、南の方なら採れるでしょ。どうして、それを仕入れないのよ」と文句を言っても仕方ありません。「夕飯で大根を使いたいのに、どうしてこんなに高いのよ。もっと安くしてよ」と値切っても始まりません。

いくら自分が望む結果を求めても、自分の力では集められない縁があるのです。望む結果を得るために自分で集められるだけ縁を集めたら、あとは待つしかありません。

諦めるべき時はこういう時です。〝人事を尽くして天命を待つ〟のです。

自分の力で集められる縁と、集められない縁を見極める力はとても大切な智《ち》慧《え》です。

明らかにしないと諦められない

これに関連してもう一つ。お釈迦さまが苦しみを解決するために説いた苦《く》諦《たい》・集《しっ》諦・滅《めっ》諦・道《どう》諦の「四諦」の〝諦〟は、「つまびらかにする。いろいろ観察をまとめて真相をはっきりさせる」（『漢字源』学研プラス）という意味です。そして、「諦める」と「明らかにする」は同源です。日本語の「明らか」や「明るい」は、物事の形がはっきりするさまを意味します。

物事は、自分で納得するまで真相を明らかにしないと、本当の意味で諦めることはできません。自分の力では集められない縁を明らかにするから、「あとは天に任せよう」と諦められるのです。

どうして他人からの評価が気になるのだろう——自分で自分を認める習慣を身に付けてこなかったから。あるいは仏さまが認めてくれていることに気づけないから。

どうしてこの状況を不幸だと思うのだろう——それは「こうあるべき」というこだわりがあって、それと異なる状況を認めようとしないから。

「仕方ない」と「当たり前」でさわやかに

自分で納得するまで真相を明らかにしたときに出る言葉は「仕方ない」と「当たり前」です。私はこの二つは魔法の言葉だと思っています。「原因があって、あんな縁が揃ったのだから、こうなるのは仕方ない（当たり前だ）」と、心の底から思えたら、そこで疑問は解決します。

明らかにして諦めるのは、たやすいことではありません。しかし、それが悟りという結果に辿り着くための、大切な縁なのだと四諦は説いています。

諦めるべき時は、これ以上自分の力では縁を集められないとわかった時です。「動くことより理屈が多くなることを『老いぼれ』といいます」という言葉にハッとして、「老いぼれ」と呼ばれたくないと思ったら、適度な運動を心がけて体を動けるようにしておき、理屈を言うより共感できる心を養うことなどが、自分で集められる縁です。

そのあとは、老いることは仕方がないと諦めて、否応なく変化していく自分を楽しめばいいと思うのです。

そして、もう一つの諦めるべき時は、物事の真相が明らかになった時です。オムレツを作るためにはタマゴを割らなければならないのが明らかなように、部屋をきれいにしたいのなら掃除をしなければならないことは明らかです。ですから、「掃除をしたくなくても仕方がない」と諦めて、掃除機と雑巾を引っ張り出すしかないのです。

動けばわかる、動けば変わる

普通に暮らしていても、がんばってやらなければならないことがあります。まだ寝ていたいのにがんばって起きなければならない、面倒だけど家事をしなければならないなど、些細なこと（かどうかは人によって異なりますが）から技術を習得したり、成功を勝ち取ったりなど、長期にわたる根気強いがんばりが必要な場合もあります。

がんばりの度合いの大小にかかわらず、私たちが努力できるのは前にもお伝えしたように、何をどうしたいかという目標設定の強弱にかかっています。

目標設定が弱ければ、道半ばで挫折することも、放棄することもあるでしょう。それを「自分は（あなたは）意志が弱い」の一言で片付けてしまうことがありますが、そんなことは意志の問題ではないでしょう。ひとえに目標に到達したいという思いの強さの問題だと思うのです。

やればわかることがある

途中で努力するのをやめてしまった人を責めなくてもいいし、努力を持続できなかった自分を責めなくてもいいのです。目標設定が弱かっただけということを明らかにすれば、さっぱりした気持ちで次の目標に向って進めるようになります。

そのようなことを申し上げれば、なかには「努力をおこたることで他人に迷惑をかけることもあるではないか。つまり責任があるのにそれを放棄したのだ。責任問題を目標設定の強弱の問題にすり替えるとはけしからん」と思う人もいるでしょう。

しかし、仏教は心穏やかに生きていくための教えなので、自分を卑下《ひげ》して、自ら針の筵《むしろ》の上に座らせるような考え方はしなくていいのです。

私はダイエットや習字、日記など数多くの挫折をくり返していますが、「努力がつづけられなかったのは目標設定が甘かったから」とわかったのはとてもいいことだと思っています。努力しなければ、そして挫折しなければ、それに気づくことはなかったでしょう。とにかく、やってみた、一歩踏み出したからこそわかったのです。

こうした経験を何度もしていると、動けばわかることがあると納得できるようになります。〝わかること〟とは、「今の自分にはまだできない」「もう少し時間と経験を積めばできるようになるかもしれない」「他人の助けを借りればなんとかなるかもしれない」「別のやり方をしたほうがスムースにいったかもしれない」なども含まれます。いずれにしろ、動かないとわからないことがあるのです。

動くと現状も変化するもの

もう一つ、行動を起こすことで、私たちを勇気づけてくれるのは「動けば変わる」という事実です。

仏教でいうところで、現状に対して「行動する」という縁を一つ加えて結果が変化する「因果の法則」です。

現状に満足できずにモヤモヤしている人は、とにかく動いてみればいいのです。善し悪しは別にしても、動けば変わります。現状が変化するのです。

それがわかっていても、「でも……」と一歩踏み出せない人は少なくないことも、その気持ちもよくわかります。自分が動いたせいで変わってしまう状況に、動いた張本人の自分が対応できるかが不安なのでしょう。しかし、対応できるか、できないかも、動いてみないとわからないのです。

将棋の名人は「悩むと考えるは違う」とおっしゃいます。何か思いついたとたんに「でもなぁ……」と元に戻ってしまうのが「迷い」です（私は〝お悩みゴーラウンド〟と命名しています）。

それに対して、こうすればこうなるとゴールに向って思考を展開させることを「考える」といいます。

悩んでいるようなら、考えて、状況を変える努力をしてみませんか。

どちらにせよ、何もしなくたって悩みは尽きないのですから。

女性にゃかなわない

日本では、神社の担当は男性で、お寺は女性が担当する傾向があるそうです。

これには理由があって、神社の仕事は神輿《みこし》の準備や地域の用水の草刈りなど力仕事が多いため。一方、お寺は慈悲を説くからでしょうか、母性を備えた女性のほうが向いているといわれます。

ここでは少し変わった角度からの精進のお話です。

無駄は心の贅沢

宗教はともかく、日本経済に女性が果たしている役割は計り知れないものがあります。その点で女性は偉大です。ショッピングセンターやデパートへ行くと、女性の衣料品売り場の面積が九割を占めます。おかげで男性は選択肢が少ないので選ぶのに苦労をしないですみます。観光地へ行っても女性の観光客が八割を占めます。みやげ物屋も食べ物屋も女性がいなければ、やっていけないでしょう。女性は購買意欲が高いので、男性からすれば無駄だと思われる物をたくさん買うのです（あくまで個人的見解です）。

しかし、男性からすれば無駄と思われるような物でも、それを女性が手にした時の幸せそうな顔といったらありません。いつもあんな顔をしてくれれば周囲も幸せになるでしょうから、私は家内の買い物に文句を付けません。「無駄は心の贅沢」だと思うのです——というより、そう考えたほうが身のためだとわかったのです。

不可解な精神構造

ある旦那さんが夕飯はトンカツが食べたいとリクエストしました。「任せて」と請け合って奥さんは買い物に出ます。しかし、帰宅した奥さんは不愉快そうです。

「あなた、信じられる？　キャベツが一玉、五〇〇円ですって。高いから買うのをやめたわ」

「えっ？　だって、トンカツにはキャベツは付きものだろ。お彼岸にぼた餅が欠かせないように、お地蔵さまとよだれ掛けがセットのように、トンカツにはキャベツだよ」

「高過ぎるのよ」と言いながら奥さんがトートバッグから取り出したのはストローが刺さった空のカップでした。

「それどうしたんだ？」

「苺とバナナのミックスジュース飲んできたの」

「ショッピングセンターの果物売り場の横にあるフレッシュジュース屋さんか。あそこ高いだろう」

「うん、四八〇円だった」

ここが男性にはわかりません。トンカツに欠かせないキャベツを五〇〇円で高いと言って買わずに、ほぼ同額のジュースは自分のために惜しげもなく買える精神構造が。

タグ・クエスチョンに反応する男たち

夫婦で道を歩いていて、通り過ぎる若い女性を夫がチラリと見ると、「あなた、若い娘が好きねぇ」と妻が言います。夫はあわてて「男はみんな、若い娘が好きなのさ」とおバカな答えをしてしまいます。この場合は「お前のほうがきれいだよ」が正解です。

ほかにも、「あなた、最近忙しそうね」と言われると、夫はバカ正直に「そうなんだよぉ」と間違った答えを返してしまいます。この場合の正解は「そういえば、最近一緒に出かけていないな。週末はどこかへ行こう」です。

女性は本体にちょこっと付いているタグで相手の真意を計ろうとします。タグ・クエスチョンです。オロカ者の男性は本体に気づかず、タグだけに反応してしまうのです。

でも、仕方がありません。世の中のすべての男性は女性から生まれてきているのですから。所詮《しょせん》男性が理屈や浅知恵で対抗できる相手ではありません。私はこのように考えることで、日々を平穏に暮らせるようになりました。そんな私の姿を見て、お釈迦さまもきっとニコニコしていらっしゃることでしょう。

えっ、この話はなんの話かって？　あはは。智慧の話、精進の話です。愛の話じゃありません。

第五章 たまにはカラッポになってみな

- 日常とは違った意識レベルの禅定を心がけよ
- 翻弄されるのも悪くはありません
- 親切にするのは、私たちが支え合って生きているから
- 思考回路をフル活動させるばかりが能ではありません
- 自分の無明に立ち向かう度胸（勇気）

禅定

「ぜんじょう」と読みます。
心が乱れず、穏やかでいられるように、
時には内観し、時には客観的に自他を見つめることです。

散乱の逆を目指す

さまざまな状況下で心穏やかになるために、仏教が推奨してきた六つの方法（六波羅蜜《ろくはらみつ》）の中に、禅定《ぜんじょう》があります。簡単に言えば瞑想《めいそう》ですが、これには二種類あります。

一つは何も考えないで心をリラックスさせる方法です。活発に活動している脳を休ませてニュートラルな状態にするのです。一度ニュートラルにしてふたたびギアを入れたときに、自分が自由になれない、とらわれているものの、正体に気づくことが多くなります。

もう一つは、一つのことに集中する瞑想です。

無心になるのも、集中するのも、いずれも心穏やかに生きていくためのすぐれた手段として伝えられていますが、極めるのは大変です。

そこで、日常でできそうな、あるいはすでに気づかずにやっていることを例にしてご紹介します。

日常に禅定をもたらすには

何も考えずに無心になれるのは、坐禅している時ばかりではありません。私が本堂でお経を唱えている時間のほとんどは、書かれている内容を考えることはありません。ただ唱えているだけです。「南無妙法蓮華経」のお題目も、「南無阿弥陀仏」のお念仏も、真言（陀羅尼《だらに》）を唱えることも心を無心状態にする一つの方法です。

ほかにもただキャベツを刻む、花に水をやる、土いじりをする、掃除をするなど、それらをやっている間、無心になっている経験はおありでしょう（単純なコンピュータゲームや写経もそれに入るかもしれません）。名僧はよく「修行は場所を選ばない」とおっしゃいますが、まさにその場、その瞬間に「あれっ？　今何も考えていなかった」と意識すれば（意識した瞬間に無心ではなくなりますが)、何も考えない禅定の境地が、心をリセットするのには大切な時間になっていることがわかります。

自分を俯瞰するには

集中する瞑想の代表はヨガ(仏教では瑜伽《ゆが》)です。体を前後と左右に揺らして中心で止めてから、ゆっくり深呼吸して肺の胞胚《ほうはい》一つ一つに空気が入っていくさまをイメージする、この動作それぞれがヨガです。

密教には満月(闇の中で欠けることなく輝く智慧《ちえ》を象徴しています)の中にすっぽり収まった自分を宇宙大まで拡大して、全宇宙と一体になったあと、宇宙を取り込んだまま徐々に小さくなって現在の自分に戻る月輪観《がちりんかん》というイメージトレーニングも伝えられています。

こうした方法は何も考えないのではなく、一つのことに集中する瞑想方法です(ジグソーパズルや塗り絵などもこれに含まれるでしょう。目の前の作業に熱中している間、雑念は浮かんできません）。

日常を忙しく過ごしていると、自分の心が乱れてもそのままにして、一生同じようなことでイライラし、怒り、モヤモヤして過ごさなければなりません。禅定は、「そんな生活はもうこりごりだ」と思う人が、心穏やかになるための教えです。

心が乱れる原因は、他人から認められたい自己承認欲求だったり、金銭至上の拝金主義だったり、やるべきことをあと回しにする目標意識の欠如だったり、素直さに欠けたりなどたくさんあります。それらは、端《はた》から見るとなんとなくわかるものですが、本人にはわかりません。また、他人から指摘されれば、自分を否定されたような気持ちになってさらに心が乱れます。なかなか難しいことなのです。そこで、心乱されないという成果を出しつづけた仏教が勧める方法が「日常とは違った意識レベルの禅定を心がけよ」なのです。

翻弄されるのも良しとしましょう

私たちが翻弄《ほんろう》される「苦」の定義は、お釈迦さまの時代から「自分の都合通りにならないこと」とされます。ネガティブな感情やマイナスの感情が湧くのは、いつだって「自分の都合通りにならないとき」ですから、この定義に異論のある人はいないでしょう。自分の都合通りになっていれば、誰も苦しいとは思いません。

これを踏まえて、仏教では、都合を少なくすれば苦を感じることも少なくなると説きます。

都合を少なくする前にやっておくこと

しかし、この教えを鵜呑《うの》みにして、都合を少なくするのに躍起になる前に、やっておくことが二つあります。

一つは、自分の都合が叶うように努力をしてみることです。それが叶うことで心が穏やかになるのなら、そのために努力をすればいいのです。

梅雨の湿気が嫌なら除湿器を使えば、苦も少なくなります。暑いのが嫌ならば、エアコンのスイッチを入れる。鰻《うなぎ》が食べたければ食べればいい。仕事の業績を上げたければ、がんばって仕事をするのです。

そして、その時にやるもう一つが、自分の都合が自分の努力で叶うか否かを見極めることです。

梅雨や夏があるのは、日本に住んでいる限りどうしようもありません。都合以前の気象現象なので、どうにかしたいと思ってもそれは無理です。鰻を安く食べたい、業績を上げたいと願っても、鰻は希少である以上、価値が下がりませんし、出荷までのコストもかかります。経済も世界レベルで動いているので、自分の関わる仕事の業績だけ上げようとしても、そうは問屋が卸しません。

自分の努力で叶わないこと、仕方のないことなのです。

煩悩即菩提は翻弄即悟り

くり返しになりますが、私たちが多くのことにイライラしたり、舌打ちして悔しがったり、翻弄されたりしてしまうのは「こうなってほしい」という都合が叶わないからです。

「私のことを誰もわかってくれない」とイライラが募るのは、わかってほしいという都合が叶わないからです。わかってもらう努力は大切ですが、仏教では「では、私はほかの人のことをどれだけわかろうとしているだろう」と反省して、「自分がほかの人のことをわかろうとしていないのに、自分のことをわかってもらおうとするのはワガママだ」と気づきなさい、とします。そこから、自分のことをわかってほしいなら、まず自分がほかの人のことをわかろうとする努力をしなさい、と説きます。

「自分のことをわかってほしい」というワガママが「まずほかの人のことをわ

かろうと努力しよう」という小さな悟り（菩提《ぼだい》）につながります。これを煩悩《ぼんのう》即《そく》菩提といいます。

ある人が賢者に「私は怒りっぽくて困るのですが、直す手だてはありませんか」と尋ねると、賢者はこう答えたそうです。

「まず、人を怒らせないことを学びなさい」

自分が何に怒るのかを見極めるには、相手の立場になってみるのが一番です。「人はどの程度のことで怒るのか」を学ぶことで、自分を客観的に見ることができ、怒ることも大幅に減ります。

これは、自分の怒りをきっかけにして心穏やかになる煩悩即菩提の一例です。

つまり、色々なことに翻弄されるのも、心穏やかな人生の道を切り開く力になります。そのように考えれば翻弄されるのも悪くはありません。「あなたの人生に無駄なものはない」とよくいわれます。それは嫌だと思ったことでも、使い方次第で自分磨きの材料になるという意味です。

嫌がってばかりではもったいない。嫌なことを上手に活かしましょう。

飾りをはずすとラクになります

私たちは子どもの頃から何かできるようになると、大人から「えらいね」「すごいね」と褒められて成長します。家の手伝いや勉強や運動など、ほかの子よりできるからではなく、できなかったことができるようになったことを褒められて育つのです。「私にもできた」という思いが自我を形成していくのでしょう。

勉強ができる、知識をたくさんもっている、運動が得意、ファッションセンスがいいなど、子どもたちを見ていると精一杯背伸びをして自分を大きく見せようとしながら成長しているかのようです。

当時の我が身を振り返ると「がんばれ、がんばれ。いつかそんな飾りを捨てたほうが楽に生きられることがわかるし、人の本性は飾りで誤魔化せないことがわかるから。それまでは、がんばれ」と励ましたくなります。

表も裏も何者なのか

長ずるにしたがって、こうした背伸びは、周りから良く見られようとする見栄となり、バカにされまい、見下されまいとする虚栄心にも変化し、もったいぶった言動をして偉く見せようとする方向に進んでしまうことがあります。本来の自分にデコレーションをしているようなものでしょう。

学歴や職業、肩書などで自分の優位性を誇るのもそれに似ていますし、食事も満足にできないほど貧乏な武士が、さも食事を終えたかのように楊枝《ようじ》をくわえる「武士は食わねど高楊枝」にも似ています。本当は蕎麦《そば》をどっぷり汁に付けて食べたいのに蕎麦の先端だけ汁に付けて食べる粋な江戸っ子も、微笑ましい飾りをまとった生き方の一つでしょう。

一方で、子どもの頃から身に付けてきたこのような多くの飾りは、社会の中で生きる、生活のための防衛本能なのかもしれません。

作家の遠藤周作さんは晩年、「生活を中心にしていると本当の人生がぼやけてしまう」とおっしゃっています。私もそう思います。飾りが必要な生活は、必ずしも人生とイコールではないでしょう。

私は「生活のための飾りなど捨ててしまえ」と乱暴なことを申し上げたいのではありません。禅僧の良寛さんの歌に「裏を見せ　表を見せて　散るもみじ」があります。

表の生活も、普段見せることがない裏の自分もどちらも自分であり、人生でしょう。人生にはいっさいの飾りが通用しない、病気や老いという状況に直面しなければならない時が来るのですから、その時のためにも飾らない自分がいったい何者なのかをそれとなく気づいておいたほうがいいと思うのです。

ヤドカリは名前の通り、巻き貝の殻を借りて生きています。貝の大きさは自分の体に合わせて選ぶそうですが、ヤドカリ自体の大きさは、背負っている貝の大きさではありません。私たちも体や心に付けている飾りを本当の自分だと勘違いしていることがあるかもしれません。

飾りの重さは心の重さ

私の場合、お坊さん、住職、夫、父親などの自分を飾りを意識することがあります。それは夜、お風呂の湯船に身を沈めた時。

お風呂に入る時は誰でも素っ裸で、何も身に着けていません。なんの飾りもない状態なのです。衣服を脱いで（私の場合化粧は落とす必要はありませんが）湯船につかった時に思わず出る言葉は「ごくらく、ごくらく」。やはり、飾りがない状態が極めて楽なのだと思うのです。

飾りをはずすのは勇気がいりますが、鎧兜を付けていれば動きが鈍くなるように、飾りは自由な心の動きを鈍らせることがあります。少しずつでもはずしていき、心を軽くしていきたいものです。

ベキベキ星人になっていないか

ここでいう「ベキベキ星人」は、こうすべき、ああすべきというこだわりがあって、なかなか心が穏やかでいられない人のことです。仏教では心穏やかになるために、こだわりをなるべくなくしたほうがいいと説きます。

すべての物事は、条件によって刻一刻と変化する「諸行無常《しょぎょうむじょう》」の原理に従っています。わかりやすい条件の変化は時間の経過でしょうが、ほかにも社会のあり方やマスコミの報道や噂話によって、個人の嗜好《しこう》、トレンドなども猫の目のように変化します。

この変化に対して、同じ場所に留《とど》まって動かないというのがこだわりです。周囲が変化していくのに、「こうあるべきだ」と固執して同じ場所に留まれば、心は穏やかでなくなるのは火を見るより明らかです。だから、こだわりから離れたほうがいいと仏教は説きます。

許せないことが多いベキベキ星人

そのこだわりを端的に表わす言葉が「〜べき」という言葉だと思うのです。私たちは子どもの頃から、「ご飯は残さず食べるべき」「親には孝行すべき」「人に親切にすべき」と大人に教えられて育ちます。自分でそれらをよく吟味しないまま、普遍の真理のように思い込んでしまうことがあるのです。

いつしか、自分が思っている「こうすべき」「こうあるべき」ことをしない人を許せなくなります。ご飯を残す人がいると不愉快になり、親孝行しない子どもを情けなく思います。人に親切でない人を罵《ののし》り、嘲《あざけ》るようになります。

もっとも大きな問題は、自分で「〜べき」だと思っていたことが、自分ができなかった場合でしょう。ご飯を残してしまった、親不孝してしまった、人に意地悪してしまったときに自分を許すことができなくなり、自分の不甲斐なさに落ち込みます。

「〜べき」から離れる方法

私は、誰かと衝突したら（しそうになったら）、独りになって「私はなぜ相手にこうすべきだと思っているのだろう」と心静かに考えてみます。すると、無闇にそう思い込んでいることに気づく時があるのです。

ご飯を残さず食べるのは、食材を含めて料理を作ってくれた人に対する最大の敬意の表わし方です。しかし、体調が悪くて食べきれない場合もあれば、食べ過ぎて健康を害することもあります。そう考えると「無理して食べなくてもいいですよ」と人を許し、自分でも「食べきれずにすみません」と心の中で謝ることができます。

親孝行も、事情によってできない人もいます。自分が不幸だと思っている人のなかには、その根本原因は親が自分を生んだことにあると結論づける人も少なくありません。そんな人に親孝行すべきとは言えません。親に喜ばれて結婚しても、離婚をすれば偏見から親不孝という負い目を背負わされることだってあります。現在の自分を幸せだと感じていなければ、親孝行はなかなかできるものではありません。

人に親切にするのは、私たちが支え合って生きているからです。すでに述べましたが、弱肉強食の厳しい世界で鋭い牙も高い運動能力ももたない弱い人類が生き残れたのは、助け合ったからだといわれています。しかし、自分は誰の助けも借りずに一人で生きていると思っている人なら、他人に親切にする必要性を感じないでしょうし、他人から幸せを分けてもらおうとする人を見れば、意地悪もしたくなるというものです。

周囲にいるベキベキ星人に、あなたもウンザリしたことがあるでしょう。そして、自分がベキベキ星人であるがゆえに、心が穏やかでいられないこともあるでしょう。

主義主張をもつことは悪いことではありませんが、「〜べき」と言いたくなったら、すべては刻々と変化するという「諸行無常」の道理を思い出して、こだわりの箍《たが》をゆるめて「〜のほうがいい」くらいにしておけば、「ベキベキ」から離れて心穏やかでいられる時間が増えるでしょう。

「忙しい」って言ったらダメなの？

「忙しくても『忙しい』と口にしないほうがいい」は、時々耳にする諫言《かんげん》（忠告）。

その理由はいくつかあります。

「忙は心（忄）を亡くすと書くから」というのが一つめの理由です。「忙しい」を口癖にしていると、本当に心をなくしてしまうという言霊《ことだま》信仰に由来しているのかもしれません。たしかに、漢和辞典で調べると「忙＝心＋亡」で、「亡」はなくなる、ないの意を含み、心がまともに存在しない、落ち着かない状態を表わします。

もう一つは「忙しいとほかの人への心配りがおろそかになるから、『忙しい』

を口癖にしないように気をつけなさい」という警告です。何気なく使ってしまう「忙しい」は、大切なことを忘れている心の赤信号なのかもしれません。

「忙しくって」をやるべきことをやらない言い訳として使う人もいます。そんなことを言えば「みんな忙しいんだ」と叱られるに決まっています。そこで、忙しさを言い訳にしないほうがいいという意味で「忙しいと言わないほうがいい」と人にアドバイスすることもあるのでしょう。

流れるような「忙しい」

私は、忙しさに紛れて、本来やるべきことをあと回しにしてしまうことがよくあります。

連絡を取らなければいけない人がいるのに、それをしないのです。そうこうするうちに本人に会えば「貧乏暇なし、無沙汰ばかりで申し訳ありません」と講談に出てくるセリフを使います。

多くの人がポカンとした顔をしますが、ものがわかっている人は「こちらこそ。まあ『稼ぐに追いつく貧乏なし』ってね。忙しくて何よりです」と軽く心のキャッチボールをしてくれます。

「最近、どうですか」「ええ、おかげさまで忙しくって」「それは何より。暇しているよりずっといいですよ」――こんな流れるような挨拶のなかで「忙しい」を使うならいちいち気にすることはないでしょう。

相手に立てる鉄の扉

ところが、「忙しい」という言葉を使った際に注意しておきたいことがあります。それは、言われた相手がそれ以上踏み込めない冷たさを感じるという点です。

「忙しいんです」と言われれば、言った人には時間がないのでしょうから、それ以上邪魔はできません。「あなたには関係ありません」と言われたときに似ています。相手と気兼ねなく話がしたいと思ったのに、目の前に鉄の扉をドーンと置かれてしまったようなものです。

「あなたには関係ありません」と言われたときは、「冗談を言っちゃいけない。同じ時代に、同じ場所に生きているという関係があるんだ。世の中に関係ないなんてことはないんだよ」と返せますが、「忙しくって」と言われれば、「忙しくて何よりです」と返すのが関の山、相手が立てた鉄の扉を開くことはできません。

自分が「忙しい」と言われて返す言葉を知らない以上、私は「忙しい」と言わないように心がけています。その代わりに、昭和の時代に置き忘れられたような「貧乏暇なし」を使っているのです（ほかに「夜も寝ないで昼寝して」もよく使います）。

忙しい時よりも、暇な時のほうがずっと多くのことを得られるとはいえ、忙しいことは悪いことではありません。問題なのは「忙殺」と言いたくなるくらいの忙しさでしょう。

忙しさの陰で失われるものもあると知って、「忙中の閑」にそれを補充しましょう。本書を読むのも、その一つ。忙しさに振り回されず、やるべきことを手のひらの上で上手に回していきたいものです。

「あなたには関係ないでしょ」なんてこたぁありません

〈衣食住には何一つ心配はないけれど、自分以外に誰もいない島で心穏やかに一生を送ることができますか？　もしイエスと答えられたら、自己肯定感がかなり高いといえるだろう……〉

そう思ったのは五十歳を越えた頃でした。

現実世界で衣食住に困窮している人や場所はたくさんありますが、少なくとも日本に住んでいれば、今のところ社会福祉などのシステムでどうにか生きていくことはできるでしょう。

人とのつながりがないという無人島のたとえは、社会の中で生きている限り非現実的ですが、自分の心の中に広大な世界観や宇宙観をもっていれば、一人でいることに飽きたり、寂しがったりすることは大幅に軽減します。

無人島で暮らせるかどうかは、大きな世界観・宇宙観をもっているかどうかをチェックする面白いクイズだと思うのです。

出どころに思いを馳せる

私は雨や風にあたるのが嫌いではありません。頭を丸めているので髪の毛の乱れを気にしなくてすむというのも一つの理由ですが、私は自分を濡らす水《あめ》や周りの空気《かぜ》の出どころに思いを馳せて、大きな世界観に浸るのが好きなのです。

雨が降っていれば部屋の中から手を出して、手にあたった水が昨日どこにあった水だろうと想像します。雲や、そのもとになった海や山から立ち昇った水蒸気をイメージすることもあります。

さらに、〈一週間前はどこにあった水か？　一年前は？　私が生まれた昭和三十三年十月二十一日は？　父や母が生まれた日にどこにあった水だろう〉と想像するのです（想像に要する時間は数秒です）。水は世界中の大気や山や深海を含む自然界を循環しています。私たちの体の大部分も水でできています。

ですから、私の手にあたった雨一滴は、数十年前には深い山の中にある泉から湧き出したものかもしれません。私が赤ん坊の時に流した涙かオシッコかもしれません。

その水は一年後にも地球のどこかにあるでしょう。私が死んだあともこの地球のどこかで誰かの髪を洗う水となり、葉の上に宿るひと雫《しずく》になり、その下にいるダンゴムシの上に落ちるかもしれません。

このイメージは風でもできます。葉っぱを揺らして自分の頬をなでる空気は、昨日の今頃はどこにいたのか、明日の今頃はどこにいる空気なのか、それを想像するだけで「私は孤立しているわけではなく、雨や風によって世界のありとあらゆる場所と時間とつながっている」と思えるのです。

関係がわかれば穏やかに

こうしたつながりは雨や風だけに留まりません。あなたが着ている服には、コットンなら綿を栽培した人、ウールなら羊を世話した人、化学繊維なら石油を採掘した人が関わっています。それぞれの原料から糸を紡いだ人、服のデザインをした人、縫製した人、服を畳んだ人、売った人、そして、それを買って着ているあなたがいます。

私たちの身の周りにあるものは、すべてそのような膨大なつながりの産物なのです。それを少し意識すれば世界や宇宙と自分がつながっていることが意識できます。

かつて私は、誰かに何か言われて「あなたには関係ないじゃないか」と思っていた時期がありました。しかし、すべては関係していることがわかったので、「あなたには関係な……」まで思ってから「関係あるんですよね。同じ日に同じ場所で生きている、あなたと私が知り合いという関係があるんですものね。だから私に言うんですものね」と思えるようになりました。

最初はイラッとしても、そう考えれば穏やかな心で対応できるようになったのです。

悪い頭で考えてばかりいなさんな

本堂を会場にして、村上正行アナウンサーにお越しいただき、話し方の勉強をしていた時のことです。

参加者は檀家《だんか》さんや若い僧侶仲間十名ほどでした。

「思ったことをすぐに言うワーク」がありました。参加者はアナウンサーになろうと思っていませんから、生放送で当意即妙な受け答えをする練習ではありません。あとから考えれば、あれこれ考えずに、その瞬間に思ったことが、その人の人間性を表わしていることを明らかにするワークだったのでしょう。

「家の日あたりのいい場所で、小さな子どもがクレヨンで床の上に置いた画用紙に絵を描いています。夢中なのでクレヨンが画用紙から床にはみ出してもお構いなしです。この時、あなたはどう思いますか?」

と、村上さんからお題が出ました。

「すぐに言う」練習ですから、余計なことは考えてはいけません。「はい、あなた」と指名された人は、順に「ほのぼのとする」「ありゃりゃ」「呑気《のんき》でいい」「自分はあんなことをするには年を取り過ぎてしまった」などと答えていきます。

一人の若い僧侶の順番になって、彼が思わず「えーと」と言った瞬間です。村上さんが言いました。

「だから、考えちゃだめなんだよ。前の人とは違うことを言ったほうがいいのではないか、気の利いたことを言おうとか、みんなを笑わせる面白いことを言ってやろうなんて、そんなことを考えてはだめなんだ」

指導を受けてへこんだ彼に、東京の下町出身らしい村上さんが言ったのは

「悪い頭は使わないほうがいいんだ」でした。

理屈抜きも大切

私たちは何かにつけて、〈これはどういう意味だろう〉〈どうしてそんなことをするのだろう〉〈どうしたらいいのだろう〉といろいろ考えがちです。しかし、コンピュータが膨大なデータを計算し解析しつづけるように、脳の思考回路をフル活動させるばかりが能ではありません。

活動しつづける脳を休ませるためにぼーっとする時間をつくるのも一つの方法ですが、別の使い方をする方法もあります。そうすれば、見えるものが違ってきます。

きれいな花を見たときに「自然はどうしてこんなきれいなものを創造したのだろう」と考えてしまうと、花を見て最初に感じた「きれい」という感激がすぐに思考に移ってしまいます。思考や計算をつかさどる左脳ではなく、感覚に秀でている右脳を意識して使えば、生き方のバランスも取れてきます。パッと生じた情みたいなものが理屈で埋もれてしまうのは少々もったない気もします。

五感で受け取る

禅の修行のなかには歩行中に行なう歩行禅という手法があるそうです。散歩をしているときに、五感で受け取ったものだけを認識してそのあとの感情や思考は停止するのだそうです。

青い空がある、雲がある、草が生えている、葉が揺れている、子どもの声が聞こえる、地面が固いなど、そこだけを意識するのです。それらの情報を気持ちがいい、さわやかだ、にぎやかでいいなどと、感情につなげません。

私たちは目・耳・鼻・舌・身・心で物事を受け取り、その情報が脳に送られて、脳が過去の膨大な知識や経験をもとに処理して感情や思考を生じさせます。歩行禅はこの意識の流れのなかの最終行程を、あえて行なわないトレーニングともいえるでしょう。

犬の散歩で公園に行って歩行禅をした時、犬をつれて歩いている自分が公園の景色の一部として溶け込んでいる感覚になったことがありました。日常では体験できない不思議な充実感でした。

度胸と読経

私が生まれ育った寺は境内が広く、植木市やバラ展、菊祭りのほか、町会の盆踊りなどが行なわれ、年に何度も大勢の人が集まっていました。住職の父は、お寺に来てもらえるだけで、仏教と縁をもってもらえると言っていましたし、私もそう思っていました。

私が二十五歳で百二十年間住職不在のお寺に入ったとき、この寺にも大勢の人が集まってほしいと思い、ご詠歌《えいか》や写仏《しゃぶつ》、巡礼のほか、コンサートや浪曲の会などを開催しました（現在でもいくつかつづいています）。ところが、参加するのは檀家以外の人ばかりで、檀家の人はほとんど参加しないのです。私のやり方がまずいのだろうと随分悩みました。

しかし、二十年ほどつづけてわかったのは「檀家さんが菩提寺に求めているのは亡き人の供養であって、教えとしての仏教ではない」ということでした。

仏教、最初の難関

なぜ仏教を勉強したくないかと言えば、怖いからです。

仏教の入り口は、現世利益や除霊、純粋な信仰心などさまざまですが、そこから一歩踏み込むと、どうしても自分はまだまだと気づく、「無明《むみょう》の自覚」が目の前に立ちはだかります。つまり現在の自分を否定しなければならないのです。

人生をそれなりに、つつがなく生きているのに、下手に仏教を勉強してしまうと、欲深い自分を否応なく自覚させられる。ちょっとしたことでイラっとする自分に気づかされてしまう。物事の本質を見極められずに、臆病でいる自分をさらけ出すことになると、なんとなくわかっているのです。

ですから、先祖供養をして、感謝しながら普通に生きているのに、自己否定させられそうな仏教を勉強したいと思うほうが、どうかしているのかもしれません。

言い換えると、仏教を勉強しようとする人は、自分の無明に立ち向かう度胸（勇気）をもっているということでしょう。

読経と非日常の気づき

この度胸を大きくしていくのに、声を出してお経を唱える読経は面白い効果を発揮します。

二十代の頃の私は、お経の意味を理解しないで唱えていました。漢字の棒読みに口の動きを馴らすのに精一杯。しかし、意味もわからず一心不乱に経文を唱えていると、日常生活では働かない脳の部分（どこかは知りません）が徐々に動き始めるのがわかります。目は文字（というより、ふりがな）を追い、口は経文を唱えているのですが、思考はまったく別のところに飛んで、日常では気づかないことがひらめくのです（俗にいうアハ体験です）。

「代わり映えのない毎日だなぁ。あれっ、私がそう思い込んでいるだけ、見落としているだけか？　昨日の私と今日の私はまったく同じだろうか？」「あの人は言い訳が得意だが、言い訳をするその口で、なぜ先に謝らないのだろう。むむっ？　ひょっとしたら、私もそうか？」など、普段では気づかないことに気づくことが多くなります。

そして、ある程度唱えられるようになると、その意味を知りたくなります。やがて、内容をある程度理解し、読経できるようになると、お経の中の、たった一つの言葉にハッとするようになります。「無量というのは、量《はか》れないという意味だけではなく、あえて量らない、量っても仕方がないという意味もあるかもしれない」と気づいたりするのです。

「あえて量らない勇気も必要かもしれない。自分の人生の意味など、量るのをやめよう。わからないことはわからないとしておこう」と、度胸がすわってくるのです。

仏教の説く度胸は、いたらない自分に立ち向い、心穏やかな境地を目指す勇気のことでしょう。読経と度胸の愉快な相関関係を、あなたも体験してみてはいかがですか。

さて、いよいよ心穏やかに生きていくための六つの方法の最後の「智慧」に入りますが、この章でお伝えした、何も考えない、あるいは一つのことに集中するという禅定《ぜんじょう》が、智慧を磨くための大事なステップになっていることを付け加えて、最終章に入ります。

第六章
諦め（諦らかにす）るのも悪くない

- 勇気を出して、早々に諦める潔さをもつのです
- 議論をしながら歩けば、地球を何周してもきりがない
- どれほど安定を願ってもそれが叶う望みはありません
- 心穏やかになるように、苦悩を解決する教え
- 私たちの周りにごろごろ転がっている

智慧

「ちえ」と読みます。物事の共通点を見いだし、違いを見いだし、本質をとらえることです。慈悲の世界を感じ取ることでもあります。

苦を感じてまずやったほうがいい作業

心を穏やかにする六つの方法の最後は「智慧《ちえ》」です。しかし仏教の教えで「六つ」や「三つ」などの数が出たら要注意。並列に並んでいるようでも最後の項目は全体をまとめていることが多いのです。

私たちの心を乱す心のあり方を煩悩といいます。貪《むさぼ》り・瞋《いか》り・痴《おろか》さの三つが三役格ですが、痴だから貪ることをやめないし、痴だから何かにつけて瞋ってしまうのです。

六波羅蜜《ろくはらみつ》も同様で、最後に登場する智慧の力のおかげで見返りを求めない布施《ふせ》が可能になりますし、約束を守ろうとする持戒《じかい》を保つことができます。屈辱に耐える忍辱《にんにく》ができるのも、精進《しょうじん》努力ができるのも、心を集中させる禅定《ぜんじょう》も、すべて土台になるのは智慧と言っても過言ではありません。

智慧は、私たちが日常でスーパーのチラシを見て特売品を探したり、はたきをかけてから床を掃除したりするなどの生活の知恵と異なり、いつでもどんなことがあっても穏やかな心になるための深く大きな力なので、知恵と区別して智慧（もしくは智恵）と書くことが多い言葉です（本書でもそのような書き分けをしています）。

都合を叶えるために

これまでに何度も触れていますが、心穏やかになるためには苦を取り除かないといけません。苦の定義は「自分の都合通りにならないこと」です。私たちがマイナスやネガティブな感情を抱くのは、ことごとく自分の都合通りになっていないときで、これを苦と表現します。

苦を除くのに必要なのは、心に苦が生じたときに「目の前にある自分の都合通りになっていないことが、自分の努力次第で都合通りになるか」を、まっさきに判断することです。

都合通りになれば、苦はなくなります。早く寝たいという都合があるなら、やることをとっととやるという努力をすれば、早く寝られて都合が叶うので、苦は生じません。やるべきことをあと回しにすれば、いつまでも寝られないので「早く寝たいのにぃ」という苦になります。

和やかな家庭をつくりたい、維持したいという都合（願いと同じことです）があるなら、小さなことになるべくこだわらないという努力が必要でしょう。笑顔でいることも「家庭円満」という都合を叶えるために自分ができる大切な努力です。

しかし、家庭は自分一人で成り立っているわけではありませんから、自分だけ努力しても和やかになるとは限りません。家庭内のほかのメンバーの努力も欠かせません。ほかのメンバーがその努力ができるように手助けするのはあなたの努力でできますが、実際に家族のほかの面々がそのように努力するかどうかは別問題です。

勇気を出して諦める

実はここが苦の対処の肝心なところです。自分が苦を感じるのは、自分の都合通りになっていないときですが、その都合が自分の努力で叶うのか、叶わないのかをなるべく早く判断したほうがいいのです。

そして、自分の努力ではどうしようもないものは、さっさと諦めてしまうしかありません。

性別や生まれた時代、天気などの自然現象や物理法則に則った現象は、自分の努力ではどうにもなりません。これらは、私たちの都合以前の現象で、私たちの都合が入り込む余地はありません。それを都合通りにしようと思うことは、まさに愚の骨頂です。

とても大切な智慧の力なので、まとめておきます。

苦の感情が起きたら、自分はどうしたいのかという自分の都合をまずはっきりさせます。その都合が自分の努力でどうにかなるなら、努力して自分の都合を叶えればいいのです。しかし、自分の努力が及ばないのなら、勇気を出して、早々に諦める潔さをもつのです。

文殊の智慧と観自在

心穏やかに過ごすために肝心要《かんじんかなめ》なのが、物事がどうなっているのかを見抜く智慧です。仏教では真理を見抜く力として悟りと同等の地位を与えられているほどで、生活の知恵などと区別するために、原語を音写した「般若《はんにゃ》」とも表記され、「般若の智慧」などと使われます。

日常で応用できて、多くのことが解決する智慧の代表は二つあると思っています。実際に私はそれを使って心穏やかでいられることが増えました。一つは「三人寄れば文殊《もんじゅ》の智慧」で、三つの異なった見方、考え方を思いつく力。もう一つは観自在菩薩（別名は観世音菩薩）でも使われる「観自在」で、自在で柔軟な発想や思考をする力です。

手放せば自由自在

私たちは生きていくなかで「これはこういうものだ」という価値観ができあがっていきます。「人からの信頼には応えるものだ」「お金がすべて」「やってみなければわからない」など、道徳として大人から教えられたものや、自分の経験から導き出したものなど、細分化すればその数は数百に上るでしょう。

仏教ではそれらはすべてこだわりであるとして、そのこだわりを捨てないと心は穏やかになれないと説きます。頭でっかちな人は「『こだわりを捨てないと心は穏やかになれない』というのも一つのこだわりではないか」と思うかもしれませんが、そう考えることもまた一つのこだわりです。そんな議論をしながら歩けば、地球を何周してもきりがないので、今回はこのまま話を進めます。

私がこだわりを手放すたとえで好きなのは、ビンの中の飴《あめ》の話です。

片手がちょうど入るビンの中に飴が入っています。飴がほしいのでつかみますが、そうすると手が抜けません。飴を取ることにこだわっているので、手が自由にならないのです。飴を放せば手が自由になります。

同様に、心が何かにこだわっていると、心はずっと不自由です。こだわれば嫌なことはいつでも嫌なことと感じ、許せないことはいつまでも許せずに心はいっこうに穏やかになれません。

このように「こだわりは自分自身をがんじがらめにして厄介な状態に留《とど》める」ことを納得すれば、次のステップに進めます（私がそれを自覚して、次の一歩を踏み出したのは四十歳を越えた頃でした）。

三種類の見方をする練習をしよう

こだわりがあるときのわかりやすい目安は、すでにお伝えしたように「こうあるべき」「こうすべき」と考えたり、言ったりしたときです。その際に「なぞなぞ」を解くように、もっと別の考え方があるのではないかと考えてみるのです。

「人からの信頼」について「応えたほうがいい」「応えられないこともある」「相手による」の三つくらいはすぐに思いつきたいものです。

「お金」については「お金があれば多くの願いが叶う」「いくらお金持ちでも、その使い方がわかるまで褒めてはいけない」「もらうときと同じように払うときにいい顔をしていたい」など、やはり三つくらいの価値観のバリエーションはもっておきたいと思うのです。

このような三種類の考え方をすることで、信頼やお金へのこだわりが少なくなり、心が自由に動けるようになります。これが「三人寄れば文殊の智慧」です。現実的には、実際に考え方の違う三人が集まったほうが簡単かもしれません。

三人ではなく、一人でやってのけるのに大切なのは自在に観じる感性です。その感性があれば、今まで嫌だと思っていたことも嫌でなくなり、許せないと思っていたことも許せるようになり、心が穏やかになっていけるものです。
そのためには練習が必要ですが、その練習がまったくできないほど、人生は短くないと思われます。

諸行無常を楽しんでしまう

日本人は世の移ろいをもの悲しく感じ取る感性が発達しているようです。好きな人との別れ、若さの衰え、勢いのあった人や会社が社会の中で衰退していくさま、形あるものが壊れる現象、青々と繁っていた葉が紅葉し、落ち葉の絨《じゅう》毯《たん》になっていくさま――。そこに日本人は落胆の気持ちとともに、ある種の感慨を覚えます。

勢いあるものが下降線を辿るマイナスの変化を好む当事者はいないでしょう。一生プラスの変化をつづけられなくても、せめて、滑走路を飛び立った飛行機が上昇して、一定の高さで安定飛行をつづけるように、可もなく不可もない状態がいつまでもつづくように願うのが私たちです。

私の周りにも、安定、安全をこよなく愛する人がたくさんいます。こうした人は不安定、非常事態をとても恐れるので、払うお金があるかどうかは別にしても、保険が大好きというのが私の分析です（当たっているかどうかはわかりません）。

ところが、すべての物事は変化しつづけてしまうという諸行無常《しょうぎょうむじょう》は、世の道理です。安定や安全は、そう簡単にはつづかないのです。

願いはあっても望みなし

お墓を管理している僧侶の私が諸行無常と発言すれば、多くの人は冒頭であげた例のようにマイナスの変化ばかりが思い浮かぶかもしれません。しかし、仏教が説く諸行無常の大原則に善悪はありません。単に「物事は集まる縁によって、結果がどんどん変わっていく」という当たり前のことを言っているに過ぎません。

枯れたようになっていた木から春になっていっせいに芽吹き、ぐんぐん新緑になっていく成長も一つの変化です。

すべては変化していくので、どれほど安定を願ってもそれが叶う望みはありません。私の好きな言葉で言えば「願いはあっても望みなし」なのです。

もし安定を願うなら、海辺に作った砂山が波で崩されるたびに砂を盛りつづけるように、変化していく状況に対して次々に手を打たなければなりません。

家族の和を保ちたければ、家族の一人ひとりが相手の生き方や考え方に敬意を払い、自ら精神的に自立していく算段をして、増減するメンバーやそれぞれの人生の変化に対応していかなければなりません。

安定、安全を求めてやまない人が保険に入ろうとするのも、諸行無常に対する危機管理という、一つの対応といえるでしょう。

お釈迦さまは、「すべては変化してしまう。それは仕方がない摂理だから、こだわってはならない」と説きました。

変化していくものに心乱されない方法が「こだわりを捨てる」と「同じ状態を保ちたいならば、それ相応の対応をする」なのです。

四季折々、人生色々

もう一つの方法は「変化するのは避けられないのだから、いっそその変化を楽しんでしまう」です。

小さなことで悩んでいた自分が、今ではちっとも気にならなくなったのも一つの変化です。失敗をたくさんしたから、年を取って他人の失敗に対して「それ、ついやってしまうんですよね」と寛大な対応ができるようになります。これも、体験した（変化した）おかげです。

四季折々の変化を楽しむように、自分の周りに起こった変化も楽しんでしまうのです。そのためには柔軟な思考と発想ができる感性が大切です。その感性を身に付けておけば、「さて、次はどんな変化が起きるか、楽しみにしよう」

と思えます。仮にそれが楽しめなかったとしても、落ち込むには及びません。「ありゃりゃ、今回はまだ楽しめなかった」とニッコリ笑って、時間経過と状況の変化を待てばいいのです。周囲が変化すれば、その渦中にいるあなたも変化して、楽しめるようになる時が、きっときます。

手段が目的になっていないか

ある目的のためにイベントをやることがあります。

小学校のＰＴＡが行なうバザーは五年ごとの周年行事の資金集めが主たる目的です（少なくとも私が会長のときはそうでした）。

お稽古《けいこ》ごとの発表会は、家族や友人に練習の成果を見てもらい自分がやっていることをより理解してもらうためでしょう。

誕生日会は、その人が生まれ、成長することを祝い、生んでくれた親に感謝するために開催されます。

こうしたイベントはそれに関わるスタッフが長い時間をかけて知恵を絞り、担当が決められ、趣向を凝《こ》らして本番当日を迎えます。

無事に終えたときは、一つのことを成し遂げた充実感や安堵《あんど》感がやさしく疲労感を包んで、笑顔の「疲れたぁ」になります。

このような小さな成功体験の積み重ねが私たちを前向きにさせてくれます。逆に言えば、嫌々やっている人は、イベントが終わっても充実感がないので、成功体験から前向きになれるチャンスをむざむざドブに捨てているような気がすることがあります。

目的そっちのけで散乱してませんか

一つのイベントが成功するのは、多くの人たちの努力の賜物ですが、私の場合、準備中にイベントを開く目的を何度も確認するクセがついています。

小学校のバザーで、スタッフの親御さんや町内会の人たちの目的がいつの間にかバザーを開催することになってしまい、利益を度外視して楽しんでしまいそうになることがありました。楽しむのはいいことですが、周年行事の資金集めという目的がどこかへいってしまっている気がしたのです。そこで準備期間中の委員会では、「つまらないかもしれないけど、バザーの目的は周年行事の資金集めである」という共通認識としてもってもらおうと何度か確認していました。

楽しもうとするあまり、その目的や周囲の迷惑、あとになって自分にふりかかる不幸などに気づけなくなることを、仏教では「散乱」という煩悩だとします。本来の目的などそっちのけで、別のことに夢中になってしまう状態です。テーマパークの駐車場に停めた車から、入場口を目指して走り出した子どもが、注意散漫になり小さな石につまずいて転ぶようなものです。

小学校のバザーの経験から、私は何かの目的のためにやり始めたことを、途中で「手段が目的にすり変わっていないか」をチェックできるようになりました。そのおかげで、目的を見失うことが少なくなり、心が乱れることも減りました。

こうして一冊の本を書いていると、ともすれば原稿を書くこと、締め切りに間に合わせることが目的になってしまいがちですが、私の目標は「私が共感する仏教の教えや考え方をお伝えして、少しでも心穏やかな人が増えればいい」ということだと、途中で何度も確認しながら筆を進めています。

「手段が目的になっていないか」――こうしたことに冷静に気づく力も、仏教では智慧です。

目標あっての努力、実践あっての目標

『大日経《だいにちきょう》』の中に「方便を究境《くきょう》となす」という言葉が出てきます。具体的に人びとを救う実践手段（方便）こそが大切（究境）という意味です。

実践あってこそ目的の意味があり、実践をともなわない目的は落語の「絵に描いた時計」のようなもので、役に立たないということです。

これまで述べてきた屈辱を耐え忍ぶ忍辱や、努力する精進も、それを実践することはとても大切なことです。しかし、耐え忍ぶこと、努力することが目的になってしまうとつらくなるばかりです。なんのための忍辱、精進なのかを時々確認して思い出せば、実行する時のつらさは少なくなります。

心のスポンジはどうなっていますか

これまでに何度か紹介してきましたが、私には、心穏やかになるために、日常で心がけていることがいくつかあります。

【朝一番の課題】

まず、その日初めて会った人に、自分が起きてからその人に会うまでに感じたことを一つ、短く言おうと思っています。

「信号待ちの人が、交差点から離れたところにいると思ったら、電信柱の細い日陰の中に肩をすぼめて立っていたんだ。よほど暑さがこたえるんだろうね」

「私なんかは入道雲と言うのに、うちの子ときたら、『朝から積乱雲が出てる』だってさ。情緒も何もあったもんじゃないよ」などです。朝からその時までに自分が感じたこと一つ言えないようでは、感性が鈍っている証拠だと思って反省します。朝一番のこの課題は、目を覚ますのではなく、心を覚ます特効薬になります。

【二番じゃダメ】

日中で気をつけているのは、どんなことでも〝最初に〟気づく感性のアンテナを張っておくこと。

「おっ、鰯雲《いわしぐも》だ。秋も近いね」と言われてから空を見上げるようではダメです。部屋に飾られた花に最初に気づいて「おっ、コスモスだ」と言えなければいけないのです。誰かに先を越されると「私は、まだまだだ」と思います。

【「じゃ、またね」のあとの一言】

そして、誰かと別れる時にも注意を払います。「じゃ、またね」で終わりにせず、そのあとに「またお会いできるのを楽しみにしています」「とても良い刺激になりました」など、同じ時間、同じ空間にいた感想を一つ加えます。「じゃ、またね」しか言わず、その言葉の裏で、帰ったら何をしようかと考えているようではアウトです。

吸い込む能力のないスポンジ

特に気をつけているのは〝初めて〟という心の張りを忘れないことです。旅行に誘うと「そこは三年前に行った」「十年前に行った」で話を終わらせてしまう人がいます（かつての私です）。三年前に行った時とは季節も違えば、一緒に行くメンバーも違うはず。十年経てば、年を重ねて好みだって変わっているかもしれません。

「駅前に美味しいお店ができたから行こうと思う」と言うと、「ああ、先週行った。魚料理は美味しいけど、肉料理はイマイチ」と自分の評価を自慢し、これから初めて行く人の楽しみをゴッソリそぐ人もいます（かつての私です）。

これが「初めて」という心の張りがない状態です。心の張りがない人は、泥水をたっぷり含んだスポンジのようなもので、どんなにきれいな水に浸しても、もはや吸い込む能力はありません。

「どうせ」と「つまらない」は心の赤信号

油断をすると私はすぐに心のスポンジに泥水が溜まってしまいます。それに気づくバロメーターの言葉が「どうせ」と「つまらない」です。

実際にやりもしないで、自分勝手に結論を出して「どうせ」と言うようになったら、泥水が溜まってきた証です。楽しむ心の張りがないから、人が楽しそうにしていても「つまらない」と感じてしまうのです。これも心の中に泥水が溜まってきた証拠だと思うようにしています。

私は数年前に生まれて初めて六十歳になりました。今年の十月の誕生日には人生で初めの年齢になります。このように〝初めて〟という心の張りをもっていると、「人生は悪くない」と思えるようになります。生まれて初めての今日を、明日を、心のスポンジをカラカラにして過ごしていきませんか。

仏教はその先を見ている

小学生の子どもたちに「将来の夢は？」と質問すると、なりたい職業を答えます。その親たちに同じ質問をすると、月に一回温泉に行きたい、家族と仲良く暮らしたいなど、生活の夢を答えます。

これに対して仏教はみなさんに「あなたは将来、どんな人になりたいですか」と問い、「いつでも、どんなことがあっても心が穏やかな人になりたいと思いませんか、なってみませんか」と提案します。

生、老、病、死の「四苦《しく》」は私たちの都合通りにならない代表格。これに、愛する者と別れなければならない「愛別離苦《あいべつりく》」、嫌な人と顔を合わせなければならない「怨憎会苦《おんぞうえく》」、求めても得られない「求不得苦《ぐふとっく》」そして、人が体と認識作用の集合体であるがゆえに生じる「五蘊盛苦《ごうんじょうく》」の四つが加わって、合計「八苦」になります（私は生老病死を「苦の四天王」、八苦を「八天狗」と言っています）。

仏教は、こうした都合通りにならないことを苦と感じないための教えです。年を取ろうが、病気になろうが、死を間近にしようが、愛する人と別れても、嫌な人と出会っても、ほしいものが手に入らなくても、身体と心を持つがゆえ苦しんでも、それを苦と感じない。それを言い換えれば「いつでも、どこでも心が穏やか」ということでしょう。

さまざまな宗教

宗教には、「自然宗教」「民族宗教」「世界宗教」の三つがあります。仏教はどこに位置するのでしょうか。

「自然宗教」は、自然への素朴な恐れと感謝の感情がもとになっています。太陽に畏敬の念を込めて「お」と「さま」をつけて「お日さま」というのはそのためです。

私たちの先祖は山から多くの恩恵を受けていました。山の木で家や舟を作り、山にいた動物の骨や角から矢尻や釣り針を作りました。ですから木や動物を育てている山そのものを神として崇《あが》めます。こうした自然の力を「タマ」といいます。タマが荒ぶって、嵐や地震が起こればタマを祀《まつ》り、祭りをして穏やかになることを願いました。

余談ですが、私たちの暮らしを左右するほど大きな力をもった自然のタマが、人間に当てはめられると「シイ」がついて「タマシイ」になります。菅原道真《すがわらのみちざね》が太宰府に左遷されて非業の死を遂げると、雷が頻発します。人びとはこれを道真の祟《たた》りとして、その霊を鎮めるために天神として祀ってタマシイをなだめました。

「民族宗教」は、民族や国が存続していくための宗教です。日本では氏神の信仰を含めた出雲《いずも》や伊勢の神道《しんとう》と考えていただければいいでしょう。民族宗教は外国に輸出できません。天照大神《あまてらすおおみかみ》を外国に広めようとしても無理です。

世界宗教と仏教

そして、「世界宗教」は、国や時代に関係なく、個人の救いを目的としています。仏教、キリスト教、イスラム教などがこれにあたるといわれます。

仏教で「二世」という場合は、親子二代という意味ではなく、自らの現世と来世の「二世」という意味です。そこでは、個人の存在とつながっている人生や宇宙、苦、死などの哲学的な問題にも踏み込みます。

日本に入ってきた仏教は世界宗教ですが、自然宗教や民族宗教も上手に取り入れて、個人の救いという目的を達成してきました。

なりたい職業になれて、したい生活をできるようになったその先は、どんな人になりたいですか？

仏教は、一人の人間が心穏やかになるように、苦悩を解決する教えです。素敵な教えだと思います。

お釈迦さまも苦笑い

私は仏教徒でありながら、生あるものが生死をくり返し、六道を輪廻《りんね》する考え方をそのまま信じることができません。それを後輩の仏教学者に言うと、呆れた顔をして言います。

「名取さん、ダメですよ。輪廻の考え方をはずしたら仏教じゃなくなります」

「どうしてさ」

「だって、仏教の目的は、悟りを開いて輪廻から解脱《げだつ》することですもの。輪廻を否定したら、悟る意味もなくなっちゃうでしょ」

「そういうものなのか」

「そういうものです」

そう言われて簡単に信じるほど、私は柔《やわ》でありません。

悶々《もんもん》としていたある日、曹洞宗の先輩が私の疑問をきれいに解決してくれました。

「六道輪廻は〝迷いの再生〟と考えればいいんだよ」

「迷いの再生?」

「そう。失敗や過ちを『またやってしまった』とくり返すのが輪廻だよ」

「私を含めて、浮世の懲りない面々のことですか……」

「そんなところさ」

迷っている間は六道を輪廻するというのが仏教の説明ですから、輪廻を「迷いを再生すること」と言い換えてもいいでしょう。長年、自分の胸に問いつづけてきた「輪廻」が、ストンと腹に落ちた瞬間でした。

迷いの再生

子どもの頃に、友だちやいとこと比べられて散々嫌な思いをしたのに、大人になっても「友だちにはもう孫がいるのに、うちの子は結婚もしていないから孫の顔が見られない」とか、「あいつは正社員なのに、俺は派遣社員。不公平だ」と、つい他人と比べてしまうことがあります。あれほど比べられることが嫌だったのに、そして比べても仕方がないのに、それをくり返してしまうのです。

また、世の中が縁（条件）によって変化するのをこれまで見てきたはずなのに、同じ状態がつづくと思ってしまう場合もあります。

仲良しの家族はいつまでも仲がいいと思っても、そうはいきません。子供が結婚したり、独立したりすれば家族構成が変化するので、それまでのやり方は通用しません。

伴侶が定年を迎え、収入が減ったり、病気がちになったりすれば、それまでのやり方では仲良しの家族は維持できないのです。

それに気づかず、変化に対応しないのが迷いの再生です。

さらに何かしてあげた見返りとして、相手からの感謝を期待しても、自分が望むような反応はないと嘆いてしまいます。相手からの見返りを求めて何かしてあげること自体が相手にとって負担になるのを重々知っていながら、懲りもせず「せっかくしてあげたのに……」と見返りがないことをグチります。

年を経るごとに許せる

私は、年を経る、または重ねる最大のメリットは許せることが増えることだと思っています。自分で何度も失敗し、他人の失敗をたくさん見聞きしているので、他人の失敗や過ちに寛大になれると思うのです。

「ああ、それ。やっちゃったのかぁ。そうなんだよ、わかっていても、ついやってしまうんだよ（これが輪廻、迷いの再生です）。でも大丈夫。それが経験になって失敗や過ちが少なくなっていくんだから（これが小さな解脱）」と寛容な心で許せるようになるのです。

失敗や過ちをくり返してしまう私たちを、お年寄りだけでなくお釈迦さまも「つい、やっちゃうんだよね」と苦笑いされることでしょう。

しかし、そこから何かを学んで、迷いを再生してしまうことが徐々に少なくなっていけば、それでいいのです。

力は今もあなたのそばにある

仏教では、人間だけでなく山や川、草や木にいたるまで仏としての性質を具《そな》えているといわれます。しかし、私にはそれが理解できませんでした。「なるほど、そう信じる人はいるのでしょうねぇ。私は信じませんけどね」という具合。煩悩の中に「疑」があるのは知っています。疑えば正しい教えを学べないので、心が乱れたままになってしまいます。

しかし、疑った結果として納得すればもはや疑う余地はないので、心は穏やかになります。疑う心も菩提につながるのです。私の場合がそうでした。

お釈迦さまを悟らせた要素

三十代になった頃、山や川がどうして仏と同じ性質の仏性《ぶっしょう》を具《そな》えているといえるのか、先輩のお坊さんにぶつけたことがあります。先輩の答えは実に明解でした。

お釈迦さまは三十五歳で悟りを開いて、いつでもどんなことがあっても心穏やかな、悟りの境地に入りました。後世の人たちは、どうしてお釈迦さまは悟れたのだろうと考えました。ある人たちは、何度も生まれ変わりをして修行をつづけた結果だとしました。ある人たちは、お釈迦さまを悟らせた力が働いたのだと考えました（これが日本に入ってきた大乗仏教の考え方です）。

お釈迦さまを悟らせた力は、たとえば人が生まれる力です。生まれなければお釈迦さまも悟りは開けませんでした。誕生する前には夫婦の愛も必要です。

太陽が昇り暮れる一日の営みも、お釈迦さまの悟りに大いに貢献したでしょう。昼夜の区別なく生活していれば体調を崩して、悟りどころではなかったはずです。可憐《かれん》に咲く花、頬をなでるさわやかな風にも心を寄せて何かを感じ、それがやがて悟りへとつながったでしょう。山を仰げば「人生でも、あのような高みを目指そう」と思い、川の流れにも人生を重ね合わせて、「この川が大きな海に注ぎ込むように、私もいつか大きな心になりたい」と思ったかもしれません。

王子という立場でしたから、国民から寄せられる信頼の大切さも身に染みたでしょう。家来のなかには、足を引っ張る輩もいたでしょうし、人のやさしさにも触れたでしょう。

結婚してからは、奥さんや子どもへの執着のメリット、デメリットにも思索は及んだに違いありません。

「ありがとう」「ごめんなさい」という素直な言葉に心洗われ、親しい人との別れにも涙したことでしょう。

出家する決心や一歩踏み出す力も悟りには欠かせません。悟るという目標達成のために我慢してやらなければいけないこと、やってはいけないことも覚悟したでしょう。

あなたには材料が揃っています

このような多くの力が、お釈迦さまを悟らせたのです。

そこから、一人の人間を仏にする力があるのだから、その力も仏性《ぶっしょう》を具えているという「一切衆生悉有仏性《いっさいしゅじょうしつうぶっしょう》」の考え方が出てくるのは自然の流れでしょう。

その力の総体を「久遠実成《くおんじつじょう》の釈迦」や「大日如来」といったりします。個別の力には、それぞれ「愛染明王《あいぜんみょうおう》」や「観音菩薩」などの名前が付けられて、多くの仏が誕生することになります。

ここからが、さらに面白くなります。

お釈迦さまを悟らせた力は二千五百年を経た今でも、私たちの周りにごろごろ転がっているのです。その力に気づき、上手に使えれば、私たちもお釈迦さまのように悟ることができるというのが、私たちが成仏できる根拠です。

お釈迦さまは、身の周りにあった（起こったこと）ほぼすべてを材料にして悟りという料理を作り上げました。そのレシピが仏教です。悟るための材料はお釈迦さまの在世当時から今日にいたるまで、そのまま私たちの目の前に揃っています。

それを使って、私たちも悟りという料理を仏教というレシピを使って作ってみたいものです。お釈迦さまも喜ばれるに違いありません。


さあ、やることがたくさんあります。いつでも、どんなことがあっても、心穏やかになるための材料が、大きな手を広げて、あなたを待っていますよ。

おわりに　～六波羅蜜縁起～

　ある時、お釈迦さまに弟子の一人が言いました。

「お釈迦さま、おかげさまで、いろいろな教えを授けていただいておりますが、詰まるところ、いつでも、どんなことが起こっても、心穏やかでいられる人になるためには、何が必要なのでしょう」

「面白いことを考える奴だな。なるほど、私たちは嫌なことに一つ出遭うと、どうすればいいか考える。そこで、嫌だと思う理由を見つけ、世の中を貫く真理でそれを洗い直し、心を清くしていく。

　だが、悪口を言われたとか、自分の言う通りにしないとか、誰かが憎いなど、個別の問題の対処法を言い始めたら、それこそ、ガンジス河の砂粒ほどの数になるぞ」

「はい。そこで、でございます。どんな苦にも通用する最大公約数のような解決方法があれば、このあたりでまとめておいたほうがいいと思うのです」

こうして、パーラム（心穏やかな岸）にイターする（渡る）、心おだやかになる（パーラム＋イター＝波羅蜜多《はらみた》）の方法が六つにまとめられた……というのが、私流の六波羅蜜《ろくはらみつ》誕生のシナリオです。

「そうか。で、お前は何が大切だと思う？」

「私は、見返りを求めない心が大事だと思うのです。見返りを求めると、何かと厄介なことになります」

「『せっかくやったのに……』『せっかくやってあげたのに……』で起こる問題か。なるほど、布施《ふせ》の心は大切だな。ほかには？」

「はい。お釈迦さまのおっしゃることは、親の小言や昼飲む酒のように、あとから効きます。ですから、お釈迦さまの『こうしたほうがいい』とか『こうしないほうがいい』」という教えを守ろうとする持戒《じかい》が大切かと存じます」

「ほう、そんなふうに思っていてくれたのか。それはありがたい。ほかにあるか？」

「はい。つねづねお釈迦さまは人から悪口を言われても、反論もせずにニコニコしているだけで、耐えていらっしゃいます。考えてみれば、その場で言い返してもケンカになるだけで、心は穏やかにはなりません」

「ああ、ケンカというのは、双方にどんな理屈があっても、バカを看板にして争っているようものだからな。侮辱されても平気でいられるようになるのは難しいが、相手は相手の立場から言っているだけで、こちらはこちらの立場がある。立っている土俵が違うと理解できれば、耐えられるようになる。これをなんと言えばいいかのう?」

「屈辱を耐え忍ぶという意味で、忍辱《にんにく》と命名してはいかがかと」

「なるほど。ガーリックみたいだが、まあいいだろう。ほかには?」

「先ほどから私ばかり言っておりますが、ご自身では何か思いつかないのですか?」

「そうだな。ぱっと思いつくのは精進だな。精進や努力というのは目標がないとできないが、心穏やかな人になりたいなら、そのための努力は欠かせないだろう。目標に達したいという願いがあっても、努力しなければ目標を達成する望みはない」

「願いはあっても望みなしですね」

「うまいことを言うな。しかし、布施の精神に反して見返りを求めてしまったり、守るべき理由もわからずに闇雲に戒を守ったり、侮辱されたのを恨んで仕返ししたり、努力もしないで心配したりしている自分に気づく……その時間と場所をつくるのは、もっと大事だろうな」

「心静かに自分の心を見つめる禅定《ぜんじょう》ですね」

「騒がしいところや楽しいところばかりにいれば、〝自分はまだまだだ〟と気づくことさえできないからな。禅定によって気づいたことやわかったことを土台にすれば、人生を心豊かに生きていけるだろう」

「なるほど、布施、持戒、忍辱、精進、禅定……出揃った気がいたしますな」

「いや、もっとも大切なことが抜けている」

「まだありますか？」

「ある。どんなことが起こっても、いつでも心穏やかになりたいなら、考える力、気づく感性が不可欠だ」

「その考える力や気づく感性を総称して、なんと呼びましょう?」

「チェッ」

「はっ? なぜ舌打ちされるのですか? 何かお気に召さないことでも?」

「だから、ちぇだ。チエ、智慧《ちえ》だ」

「ああ、そういうことでございますか。お釈迦さま、最近、滑舌があまりよろしくないようですが、承知いたしました。とても、良くまとまったと思います。さっそく仲間たちに今の六つの方法を伝えることにいたします。きっと、数千年にわたって伝え続けられることでございましょう。ありがとうございました」

——こうして、六波羅蜜の教えは二千五百年を経た今に伝わっています。

名取芳彦　拝

名取芳彦（なとり ほうげん）

元結《もっとい》不動密蔵院住職

1958年、東京都江戸川区生まれ。大正大学卒業後、英語教師を経て元結不動密蔵院（江戸川区鹿骨）住職に。「参加するお寺」「身近に感じられる仏教」をモットーに、ご詠歌や写仏、コンサートや浪曲などを開催し、幅広い世代に仏教と親しむ機会を提供。真言宗豊山派布教研究所所長。真言宗豊山派布教誌『光明』編集委員。豊山流大師講（ご詠歌）詠匠。主な著書に『気にしない練習』『「やめる」ことからはじめる　小さな改善』（ともに三笠書房）、『ゆたかな孤独～「他人の目」に振り回されないコツ』（大和書房）、『空海　人生お遍路』（幻冬舎）など多数。

公式HP「もっとい不動密蔵院」
https://www.mitsuzoin.com/

下町和尚の生き方放言

許せないを気にしない。

2021年1月30日　初版第1刷発行

著　者 —— 名取芳彦
発行者 —— 水野博文
発行所 —— 株式会社佼成出版社

Kosei shuppan
〒166-8535
東京都杉並区和田2-7-1
電話　(03) 5385-2317 (編集)
　　　(03) 5385-2323 (販売)
URL　https://kosei-shuppan.co.jp/

装　幀 —— MalpuDesign (清水良洋)
本文デザイン —— MalpuDesign (佐野佳子)
印刷所 —— 株式会社精興社
製本所 —— 株式会社若林製本工場

◎落丁本・乱丁本はお取り替えいたします。

ISBN978-4-333-02841-2 C0095